Kurt Johnen

Allgemeine Musiklehre

Kurt Johnen

Allgemeine Musiklehre

Mit zahlreichen Notenbeispielen

Philipp Reclam jun. Stuttgart

Umschlagabbildung:
»Habit de musicien«, nach einem Kupferstich
des 17. Jahrhunderts von Nicolas de Larmessin

21. Auflage 2008

RECLAMS UNIVERSAL-BIBLIOTHEK Nr. 7352

Gesamtherstellung: Reclam, Ditzingen. Printed in Germany 2008
RECLAM, UNIVERSAL-BIBLIOTHEK und
RECLAMS UNIVERSAL-BIBLIOTHEK sind eingetragene Marken
der Philipp Reclam jun. GmbH & Co., Stuttgart
ISBN 978-3-15-007352-0

www.reclam.de

Inhaltsverzeichnis

Vorwort

Die vorliegende kurzgefaßte allgemeine Musiklehre will ein praktisches Büchlein sein. Sie versucht, das wichtigste Material für den Elementarunterricht möglichst einfach und leichtverständlich zusammenzufassen. Von musikwissenschaftlichen und historischen Entwicklungen ist nach Möglichkeit Abstand genommen. Der Schüler soll mit diesem Bändchen befähigt werden, unsere heutige Notenschrift zu lesen und zu wissen, wie ein Kunstwerk aus dem starren Notenbild zu lebendigem Klingen erweckt werden kann.
In der heute wieder viel musizierten vorklassischen Musik spielt die Verzierungslehre eine hervorragende Rolle. Sie wurde daher ausführlicher besprochen, als es dem nicht in der musikerzieherischen Praxis Stehenden notwendig erscheint. Des weiteren wurde das für die Interpretation so wichtige Gebiet der Formenlehre besonders bedacht. Viele Anregungen aus Leserkreisen für die Neuauflagen wurden berücksichtigt. Bei der Durchführung war mir Fräulein *Gertrud Wierzejewski* behilflich, der ich besonders auch für das Sachregister zu danken habe.

Prof. Dr. Kurt Johnen

Zur sechzehnten Auflage

(1994)

Die vom Verlag anstelle des verstorbenen Autors, Professor Dr. Kurt Johnen (1884–1965), besorgte Durchsicht des Bändchens führte formal zu einem veränderten, der besseren Lesbarkeit dienenden Text- und Notenbild im neuen Satz. Inhaltlich erwiesen sich behutsame Textretuschen, welche die aktuelle musikalische Fachsprache einbeziehen, als notwendig. Der Kürzung des Kapitels über das Tempo und dem Wegfall der Behandlung der Tonwortmethoden sowie einer kurzen Aufzählung der musikalischen Fachgebiete im Anhang stehen Ergänzungen in dem Abschnitt »Musikalische Formen« gegenüber.
Die Revision des Inhalts hat Dr. Arnold Werner-Jensen, Professor für Musikdidaktik, mit kritischem Blick begleitet, wofür sich ihm der Verlag zu großem Dank verpflichtet weiß.

Der Verlag

Die Notenschrift

Die Notenzeichen

Die Notenschrift dient zur Aufzeichnung von musikalischem Geschehen; sie hat im Laufe der Jahrhunderte vielfache Wandlungen durchgemacht. Uns soll hier nur die herkömmliche Notenschrift interessieren.
Für Instrumente, auf denen man nur Geräusche ohne bestimmte Tonhöhe hervorbringen kann, wie Trommeln, Tamburin, Becken, Gong, Kastagnetten, Triangel und ähnliche, kommt es zunächst einmal darauf an, zu wissen, *wann* etwas erklingen soll. Für diese Verständigung muß ein *einheitliches Zeitmaß* bestimmt werden. Dieses Zeitmaß ist der *Pulsschlag* des Menschen, der eines jeden Leben von der ersten bis zur letzten Stunde beherrscht. Der Pulsschlag eines gesunden Mannes liegt bei etwa *70 Einheiten in der Minute*, die Schläge folgen also in etwas kürzeren Abständen als einer *Sekunde*. Das Tempo des Pulses wird durch Arbeit oder Ruhe, durch jede körperliche Anstrengung, durch jede Gemütsbewegung, ja sogar durch das Anhören von Musik beeinflußt, es bleibt aber immer innerhalb bestimmter Grenzen. Folgen rhythmische Schläge in *kürzeren* Abständen als in dem normalen Pulstempo, so empfinden wir das als ein *beschleunigtes Tempo*; folgen sie in weiteren Abständen, so empfinden wir das als *verlangsamtes Tempo*.
Neben dem Rhythmus des Pulsschlags haben wir in unserem Organismus noch den *Atemrhythmus*. Diese beiden Rhythmen stehen in enger Wechselbeziehung

zueinander. Im Gegensatz zum Pulsschlag können wir das Atemtempo ganz erheblich durch unseren Willen beeinflussen. Wir können nach Belieben schneller oder langsamer atmen, wir können die Atembewegung anhalten und wieder einsetzen lassen. Wenn wir aber unser Atmen ruhig fließen lassen, wenn es nicht durch Erregung oder Anstrengung beeinflußt ist, kommen im allgemeinen *auf einen Atemzug vier Pulsschläge.*

Die *Noten*, welche dem Zeitwert unseres Pulsschlags, der *Zählzeit*, entsprechen, werden durch einen schwarzen Punkt, den *Notenkopf*, mit einem Strich an der rechten Seite nach oben oder an der linken Seite nach unten, dem *Hals* oder *Stiel* der Note, dargestellt: ♩ oder ♩.

Soll der *doppelt so große Notenwert* aufgezeichnet werden, so wird die Mitte des Notenkopfes *leer* gelassen: 𝅗𝅥 oder 𝅗𝅥.

Der *viermal so große Notenwert*, der ungefähr der Zeiteinheit des natürlich fließenden Atmens entspricht, wird durch einen leeren Notenkopf *ohne* Strich wiedergegeben: 𝅝.

Wenn wir die Zählzeit, den Zeitwert des Pulsschlags, unterteilen in Schlag und Gegenschlag, so wird die halbe Zählzeit durch ein der Note angehängtes *Fähnchen* gekennzeichnet: ♪ oder ♪.

Die Teilung auch dieses Zeitwerts wird durch *zwei Fähnchen*: 𝅘𝅥𝅯 oder 𝅘𝅥𝅯, die nochmalige Halbierung durch *drei Fähnchen* dargestellt: 𝅘𝅥𝅰 oder 𝅘𝅥𝅰.

Das Notenzeichen, welches *vier Zählzeiten* darstellt, bezeichnen wir als *ganze Note*. Es kommen dann entsprechend der folgenden Tabelle auf eine ganze Note

zwei halbe Noten, vier Viertelnoten (= Zählzeit), acht Achtelnoten, sechzehn Sechzehntelnoten und zweiunddreißig Zweiunddreißigstelnoten.
Eine nochmalige Unterteilung der Zeit erübrigt sich, da das menschliche Ohr nicht mehr als zehn bis zwölf Töne in der Sekunde aufnehmen kann.
Folgen mehrere Noten mit Fähnchen aufeinander, so werden oft die Fähnchen ♪ ♪ ♪ ♪ durch einen *dicken Strich*, *Balken* genannt, ersetzt:

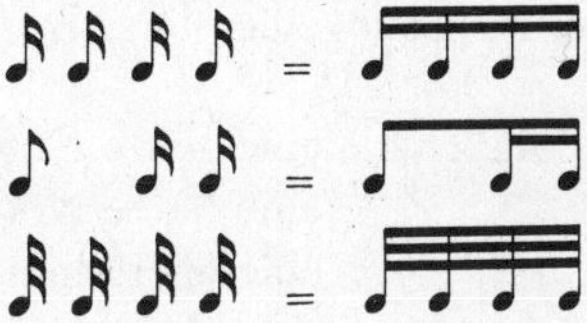

Tabelle, die das Wertverhältnis der Noten angibt

Soll die Zeit von zwei ganzen Noten aufgezeichnet werden, so schreibt man zwei ganze Noten und verbindet die beiden Noten mit einem *Bindebogen*:

Gelegentlich wird statt dessen noch das aus der mittelalterlichen Mensuralnotenschrift übernommene Zeichen der sogenannten *Brevis* 𝅜 verwendet.

Folglich hat eine ganze Note 𝅝 4 Zählzeiten,
eine halbe Note 𝅗𝅥 2 Zählzeiten,
eine Viertelnote ♩ 1 Zählzeit,
eine Achtelnote ♪ $^1/_2$ Zählzeit,
eine Sechzehntelnote 𝅘𝅥𝅯 $^1/_4$ Zählzeit,
eine Zweiunddreißigstelnote 𝅘𝅥𝅰 $^1/_8$ Zählzeit.

Es kommt aber vor, daß für eine Komposition aus Gründen der besseren Übersichtlichkeit nicht die Viertelnote ♩ als Zählzeit zugrunde gelegt wird, sondern die Achtelnote ♪ oder sogar die Sechzehntelnote 𝅘𝅥𝅯 oder auch die halbe Note 𝅗𝅥 oder die ganze Note 𝅝.

Der Takt

Wenn wir eine Reihe regelmäßig aufeinanderfolgender Schläge hören, z. B. das Ticken der Uhr, so hat unser Ohr das Bestreben, diese Schläge zu *Gruppen von mehreren Einheiten* zusammenzufassen. Dieses Streben nach einer ordnenden Zusammenfassung haben wir nicht nur für die kleinsten, sondern auch für die überlagerten größeren Einheiten. Solche in einer Komposition sich regelmäßig wiederholenden gleichen Gruppen von Einheiten werden durch senkrechte Striche kenntlich gemacht. Die abgegrenzten Einheiten nennen wir *Takte*, die sie begrenzenden Striche *Taktstriche*. Das Ende eines Stückes wird durch zwei Striche angedeutet, die *Schlußstriche*:

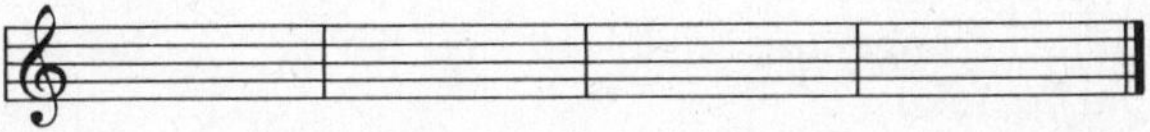

Sollen vier Viertelnoten ♩ ♩ ♩ ♩ zu einem Takt zusammengefaßt werden, so wird das Zeichen C oder die Bruchzahl $\frac{4}{4}$ vor die Komposition gesetzt. Die Zeichen bedeuten also, daß jeder Takt die Zeit von vier Schlägen dauern soll. Im $^4/_4$-Takt liegt auf dem ersten Viertel der Hauptschwerpunkt, auf dem dritten Viertel ein Nebenschwerpunkt.
Sollen nicht vicr Viertelnoten, sondern nur zwei halbe Noten als Einheiten in einem Takt gezählt werden, so wird durch das Zeichen des $^4/_4$-Taktes ein senkrechter Strich gezogen: ¢. Diese Taktart des $^2/_2$-Taktes nennt man *Allabreve-Takt*. Hier gibt es nur einen Schwerpunkt auf der 1. Zählzeit; darin liegt der Unterschied zum $^4/_4$-Takt.
Alle anderen Taktzusammensetzungen werden durch *Bruchzahlen* zu Beginn der Komposition angezeigt: $\frac{3}{2}, \frac{3}{4}, \frac{2}{4}, \frac{3}{8}, \frac{3}{16}$ usw. Die Bruchzahl deutet also immer an, wie viele halbe, Viertel-, Achtel- oder Sechzehntelnoten in einem Takt vorkommen.
Jede Taktart mit zwei oder vier gleichen Einheiten wird als *gerader Takt*, jede Taktart mit drei gleichen Ein-

heiten als *ungerader Takt* oder auch *Tripeltakt* bezeichnet.
Die geraden und ungeraden Taktarten können *einfach* und *zusammengesetzt* sein.
Einfache gerade Taktarten sind der $^{2}/_{1}$-, $^{2}/_{2}$-, $^{2}/_{4}$- und $^{2}/_{8}$-Takt.
Zusammengesetzte gerade Taktarten sind der $^{4}/_{2}$-, $^{4}/_{4}$-, $^{4}/_{8}$- und $^{4}/_{16}$-Takt.
Einfache ungerade Taktarten sind der $^{3}/_{1}$-, $^{3}/_{2}$-, $^{3}/_{4}$-, $^{3}/_{8}$- und $^{3}/_{16}$-Takt.
Zusammengesetzte ungerade Taktarten sind der $^{6}/_{4}$-, $^{6}/_{8}$-, $^{6}/_{16}$-, $^{9}/_{4}$-, $^{9}/_{8}$-, $^{9}/_{16}$-, $^{9}/_{32}$-, $^{12}/_{8}$-, $^{12}/_{16}$- und $^{12}/_{32}$-Takt.
Es gibt ferner noch die seltener zu findenden *gemischten Taktarten* $^{5}/_{4}$, $^{5}/_{8}$, $^{5}/_{16}$, die sich aus 2 + 3 oder 3 + 2 Zeiteinheiten zusammensetzen, und die $^{7}/_{4}$-, $^{7}/_{8}$-, $^{7}/_{16}$-Takte, die sich aus 3 + 4 Zeiteinheiten zusammensetzen.
Taktwechsel wird zu Beginn des Stückes, z. B.:

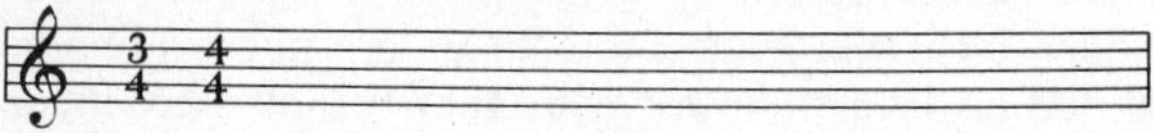

oder am Anfang der neuen Taktart angegeben.

Der Auftakt

Viele Kompositionen beginnen nicht mit einem vollen Takt, sondern mit dem Bruchteil eines Taktes. Diese dem ersten Volltakt vorgelagerten Taktteile nennt man *Auftakt*. Die Zeiten des Auftakts fehlen in der Regel dem letzten Takt, so daß Auftakt und Schlußtakt zusammen einen *vollen Takt* bilden.

Das Viertel des Auftakts mit der halben Note des Schlußtakts ergibt die Zeit von drei Viertelnoten, also einen vollen Takt.

Triole und Sextole, Quintole und Septole

Bisher haben wir nur die zweifache Unterteilung der Notenwerte kennengelernt. Soll ein Notenwert in *drei* gleiche Zeiten unterteilt werden, so wird für die Aufzeichnung die *nächstkleinere* Notengattung verwendet, es wird aber über oder unter die Gruppe der drei Noten ein Bogen oder eine Klammer mit einer *3* gesetzt. Eine solche Gruppe von drei Noten , *Triole*, hat also ebenso den Zeitwert einer ganzen Note wie zwei halbe Noten . Es ergibt sich dann für die verschiedenen Notengattungen folgende Triolenunterteilung:

Soll ein Notenwert in *sechs* gleiche Teile unterteilt werden, so wird für die Aufzeichnung nicht die nächst kleinere, sondern die *übernächst kleinere* Notengattung verwendet. Auch hier werden die Noten wieder durch einen Bogen oder eine Klammer mit einer *6* von der vierfachen Unterteilung unterschieden. Eine sechsfache Unterteilung, die wir *Sextole* nennen, ergibt dann für verschiedene Notengattungen:

In entsprechender Weise wird in den verschiedenen Notengattungen die Unterteilung eines Notenwerts in *fünf* gleiche Einheiten, *Quintole*:

in *sieben* gleiche Einheiten, *Septole*:

aufgezeichnet.

In der Sextole, Quintole, Septole können ebenso wie in der Triole nötigenfalls die Notenzeichen durch die entsprechenden Pausenzeichen (siehe S. 23) ersetzt werden, es können punktierte Noten oder Pausen auftreten, oder die einzelnen Noten können nochmals unterteilt werden.

Duole, Quartole und Oktole

In ungeraden (dreiteiligen) Taktarten kommt es oft vor, daß auf die Zeit der drei gleichen Taktteile *zwei* gleiche Notenwerte kommen. Zwei gleiche Taktteile im dreiteiligen Takt nennt man eine *Duole*. Die Duole wird durch einen Bogen oder eine Klammer mit einer kleinen *2* gekennzeichnet, z. B.:

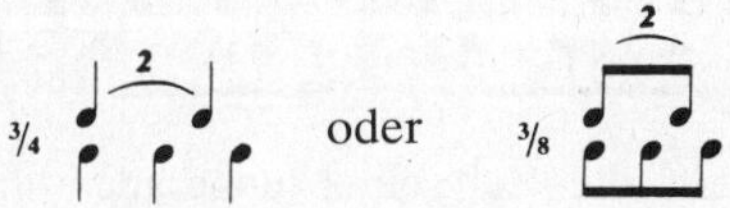

Dem Anfänger bereitet es zuerst große Schwierigkeit, diese beiden Rhythmen gleichzeitig wiederzugeben. Um diese Schwierigkeit zu überbrücken, ist es praktisch, sich vorzustellen, daß die zweite Note des dreiteiligen Rhythmus in zwei gleiche Teile unterteilt wäre, z. B.:

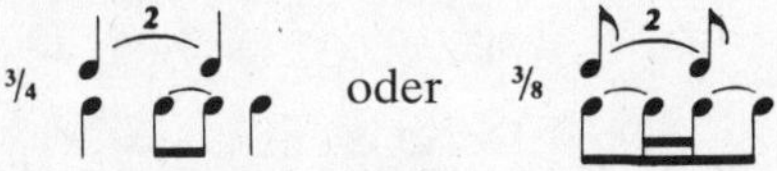

Dann ist in der unteren Stimme das erste Viertel plus der ersten Hälfte des zweiten Viertels im Zeitwert gleich der zweiten Hälfte des zweiten Viertels plus dem dritten Viertel. Die zweite Note der oberen Stimme kommt also genau auf die zweite Hälfte des zweiten Viertels in der unteren Stimme.

Kommen auf die Zeit einer ungeraden Taktart *vier* gleiche Noten, so nennt man eine solche Figur eine *Quartole*. Die Quartole ist durch einen Bogen oder eine Klammer mit einer *4* gekennzeichnet, z. B.:

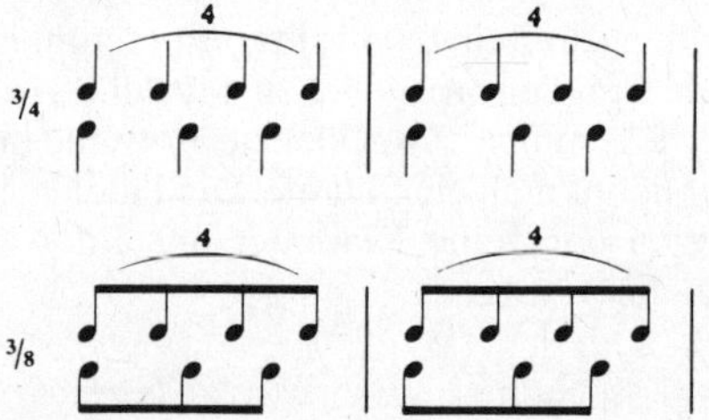

Kommen auf die Zeit einer ungeraden dreiteiligen Taktart *acht* gleiche Notenwerte, so nennt man eine solche Figur eine *Oktole*, z. B.:

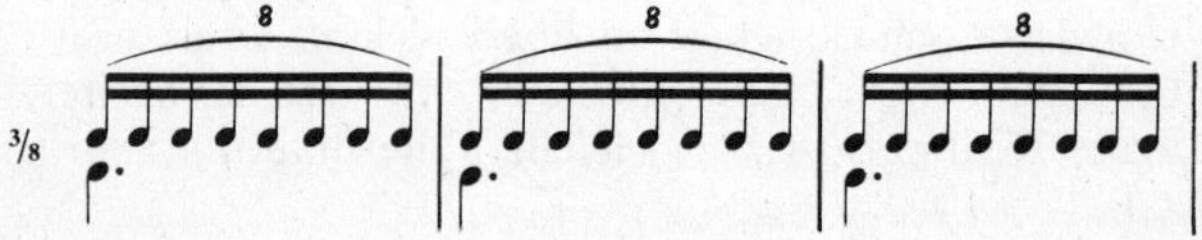

Der Akzent

Die Zusammenfassung mehrerer Noten zu regelmäßig sich wiederholenden Einheiten, die im Notenbild durch den Taktstrich angedeutet ist, wird dem Zuhörer durch die Betonung des ersten Taktteils kenntlich gemacht.

Diesen Schwerpunkt nennt man den *rhythmischen Akzent.*
In den einfachen Taktarten hat jeder erste Taktteil, auch *guter* oder *schwerer Taktteil* genannt, seinen Akzent. Das Zeichen für den Akzent ist >, z. B.:

oder

oder

Die Zeichen für den Taktakzent werden im allgemeinen als selbstverständlich weggelassen; sie werden nur gesetzt, wenn ein schwerer Taktteil über das normale Maß hinaus betont werden soll.
In den zusammengesetzten Taktarten hat nicht nur der erste Taktteil seinen Akzent, sondern auch jeder der zusammengesetzten Teile. Der Akzent des ersten Taktteils ist aber der stärkste; er ist in den folgenden Notenbeispielen durch ein großes Zeichen > angedeutet. Die Akzente der anderen zusammengesetzten Teile sind schwächer und durch ein kleines Zeichen > angedeutet, z. B.:

oder

oder

Auch wenn der dreiteilige Rhythmus in Triolen oder Sextolen notiert ist, hat jede dieser Notengruppen ihren rhythmischen Akzent:

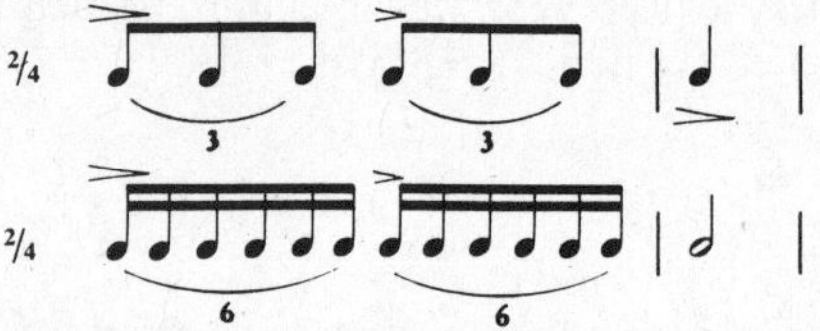

Das gleiche gilt von Duolen, Quartolen, Quintolen, Septolen und Oktolen (siehe S. 17 und 19).
Das Gefühl für diese rhythmischen Akzente darf der Ausführende während seines Musizierens nie verlieren.
Denn neben diesen rhythmischen Akzenten gibt es noch *melodische Akzente*, durch die Noten, die *nicht* auf dem schweren Taktteil liegen, hervorgehoben werden, z. B.:

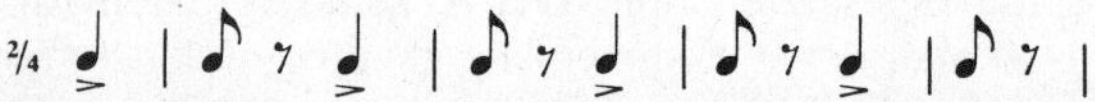

Wenn der Spieler in diesem Beispiel das Gefühl für die rhythmischen Akzente verliert, hört der Zuhörer

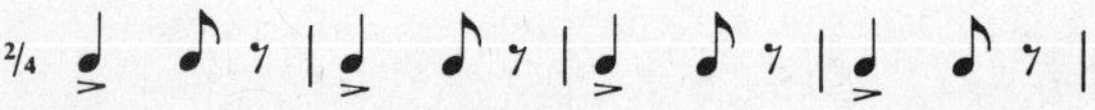

an Stelle des aufgeschriebenen Rhythmus, während doch gerade der Konflikt zwischen dem rhythmischen Akzent und dem melodischen Akzent das Reizvolle an diesem Rhythmus ist.

Die Synkope

Die *Vorwegnahme* einer auf einen schweren Taktteil fallenden Betonung *auf den vorhergehenden schwachen Taktteil* nennt man Synkope:

Das Gefühl für den schweren Taktteil darf dabei nicht verloren werden, sonst nimmt der Hörer statt der obigen Rhythmen folgendes auf:

Die Pausenzeichen

Entsprechend den verschiedenen Notenzeichen gibt es gleichwertige *Pausenzeichen* zur Verständigung über die Zeitabstände, in denen nichts erklingen soll:

Der ganzen Note 𝅝 entspricht die ganze Pause 𝄻
(an einer Linie hängend)
der 1/2 -Note 𝅗𝅥 die 1/2 -Pause 𝄼
(auf einer Linie stehend)
der 1/4 -Note ♩ die 1/4 -Pause 𝄽

der 1/8 -Note 𝅘𝅥𝅮	entspricht	die 1/8 -Pause	𝄾
der 1/16-Note 𝅘𝅥𝅯		die 1/16-Pause	𝄿
der 1/32-Note 𝅘𝅥𝅰		die 1/32-Pause	𝅀
der 1/64-Note 𝅘𝅥𝅱		die 1/64-Pause	𝅁

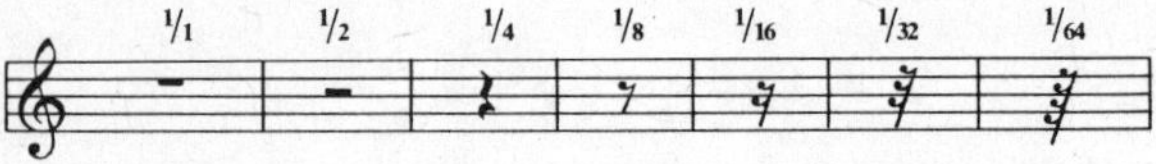

In Frankreich wird statt unseres Viertelpausenzeichens das umgedrehte Zeichen unserer Achtelpause verwendet . (Größere Pausenwerte siehe S. 25.)

Verlängerte Noten und Pausen

Soll eine Note oder Pause in ihrem Wert *verlängert* werden, so wird eine zweite Note oder Pause mit dem Wert, um den die erste Note oder Pause verlängert werden soll, danebengeschrieben. Die beiden Noten werden aber mit einem *Haltebogen* verbunden, der nicht bedeutet, daß der zweite Ton noch einmal neu anklingen soll,

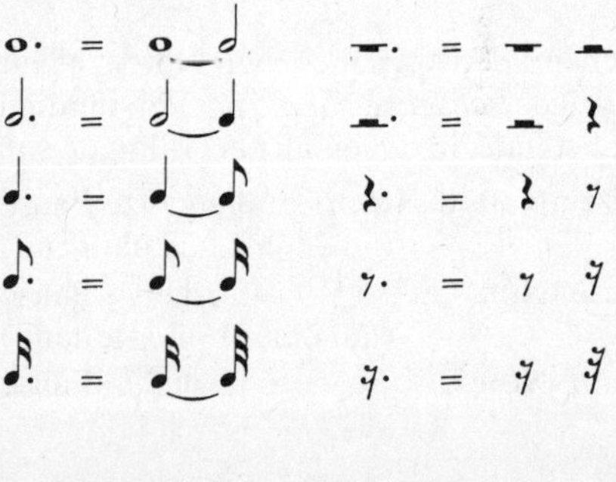

sondern daß der erste Ton um den Zeitwert der zweiten Note verlängert werden muß.
Soll eine Note oder Pause um die *Hälfte* ihres Wertes verlängert werden, so wird meistens statt der zweiten Note *ein Punkt* hinter die erste Note oder Pause gesetzt.
Steht hinter einer punktierten Note oder Pause noch ein *zweiter Punkt*, so wird dadurch die um die Hälfte ihres Wertes verlängerte Note um ein *weiteres Viertel* ihres eigentlichen Wertes verlängert. Es ergeben sich also für die doppeltpunktierten Noten und Pausen folgende Werte:

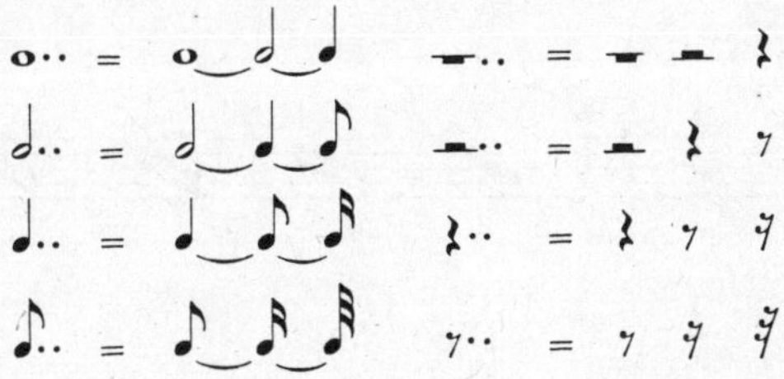

Pausen über einen und mehrere Takte

Soll eine Stimme einen *ganzen Takt* pausieren, so wird im System dieser Stimme ohne Rücksicht auf die Taktart das Zeichen der *ganzen Pause* gesetzt.
Wenn in einem Musikstück alle Stimmen einen ganzen Takt pausieren, so bezeichnet man das als *Generalpause.* Die Generalpause wird in den Stimmen gewöhnlich durch die abkürzenden Buchstaben G. P. angegeben.

Soll eine Stimme in einem Musikstück *mehrere Takte* pausieren, so wird das im allgemeinen durch Pausenzeichen wie die folgenden angezeigt, wobei zur größeren Deutlichkeit noch über den Pausenzeichen durch eine Ziffer die Anzahl der Takte angegeben wird:

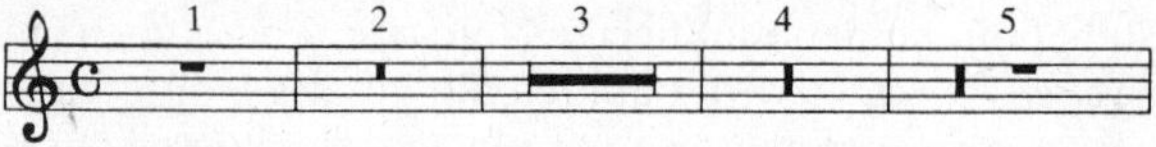

Für eine *größere Anzahl von Takten* zieht man als Pausenzeichen durch das Notensystem einen oder zwei schräge Striche und gibt durch eine Ziffer die Zahl der Takte an:

Die Fermate

Soll eine Noten- oder Pausenzeit über den Wert hinaus gedehnt werden, so setzt man darüber ein *Haltezeichen*, eine Fermate: 𝄐 (ital. *fermata*, Halt). Sie verlängert die Note oder Pause je nach Grundtempo mindestens um die Hälfte ihres eigenen Werts. Über einem Taktstrich zeigt sie eine Pause an. Durch die Fermate kann vielfach eine wechselnde Vorschrift der Taktarten vermieden werden. Liegt z. B. ein $^4/_4$-Takt-Rhythmus vor, der durch einen erweiterten Takt unterbrochen werden soll, so kann man den Taktwechsel durch das Fermatenzeichen vermeiden, wenn nur Töne länger zu halten sind, z. B.:

Die Fermate steht aber auch oft am Schluß als Zeichen für ein verlangsamtes Ausschwingen:

(Über die Fermate als Schlußzeichen im Kanon siehe S. 124.)

Die Tonstärke

Die Lautstärke, mit der ein Ton gespielt werden soll, wird mit *dynamischen Zeichen* angegeben. Die eingeführten Bezeichnungen stammen aus der italienischen Sprache. Es bedeutet:

p, piano leise, schwach
pp, pianissimo sehr leise
ppp, pianpianissimo äußerst leise
f, forte laut, stark
ff, fortissimo sehr laut
fff, fortefortissimo äußerst laut
fp, fortepiano laut und dann sofort leise
pf, pianoforte leise und dann sofort laut
mp, mezzopiano halbleise
mf, mezzoforte halblaut
m. v., mezza voce mit halber Stimme

s. v., sotto voce mit gedämpfter Stimme

meno piano weniger leise

meno forte weniger laut

più piano leiser

più forte lauter

sf, sfz, fz, sforzato
den Ton oder Akkord stark hervorheben

cresc., crescendo allmählich lauter

decresc., decrescendo allmählich leiser

dim., diminuendo allmählich leiser

rinf., rinforzando lauter werdend

∧, > *sforzato*

< *crescendo*

> *decrescendo, diminuendo*

< > Ton an- und abschwellen lassen

Bezeichnungen für die Art des Anklingens (Artikulation)

. . . . *staccato* kurz, wie abgehackt

⌒ *legato* gebunden, Verbinden der Töne

⌒ . . . . *portato* »getragen«, geringes Trennen der Töne, zwischen staccato und legato

Die Wiederholungszeichen

Soll ein Teil einer Komposition von Beginn an *wiederholt* werden, so setzt man an das Ende dieses Teiles ein *Wiederholungs-* oder *Repetitionszeichen*, nämlich zwei

Striche, einen dünneren und einen dickeren, mit zwei Punkten davor:

Soll ein Teil innerhalb einer Komposition wiederholt werden, so setzt man das Wiederholungszeichen zu Beginn und an das Ende des zu wiederholenden Teiles:

In älterer Musikliteratur stehen oft über und unter den Wiederholungszeichen schräge Striche, die zur größeren Deutlichkeit noch die Richtung angeben, in der der Beginn des zu wiederholenden Teiles zu suchen ist:

Es kommt oft vor, daß bei einem Teil, der zu wiederholen ist, die Schlußtakte der beiden Ausführungen verschieden sind. In diesem Fall wird das Stück bis zum Wiederholungszeichen aufgeschrieben und die anders gestalteten Schlußtakte werden hinter das Wiederholungszeichen gesetzt. Über die einander entsprechenden Takte vor und hinter dem Wiederholungszeichen wird eine *Klammer mit 1.* (*prima volta* = das erstemal) und eine *Klammer mit 2.* (*seconda volta* = das zweitemal) gesetzt:

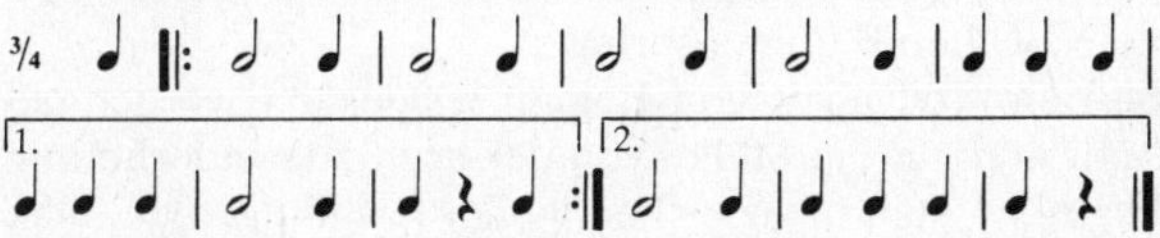

Das Stück wird dann bis zum Wiederholungszeichen gespielt, springt auf den Takt mit dem Wiederholungszeichen zu Beginn zurück und wird wieder gespielt bis zu den Takten unter der Klammer 1, die nun wegfallen, so daß hier gleich die Takte unter der Klammer 2 folgen.
Soll ein Stück unverändert von Beginn bis zum Ende wiederholt werden, so stehen oft statt des Wiederholungszeichens am Ende die Worte *Da capo*; das bedeutet: Wiederholen von Anfang an.
Soll das Stück nur bis zu einer bestimmten Stelle wiederholt werden, so setzt man die Worte *Da capo al fine*; das heißt: Wiederholen von Anfang an bis zu der als Ende bezeichneten Stelle. Dort steht dann das Wort *fine*; außerdem wird die Stelle oft noch durch einen Schlußstrich mit Fermate gekennzeichnet:

Hat das Stück einen längeren Schlußteil, *Coda* genannt (ital., Schwanz, Anhang), der aber schon beginnen soll, ehe die Wiederholung ganz zu Ende gespielt ist, so steht an der Stelle, bis zu der gespielt werden soll, das Zeichen ⊕ für *Codakopf*. Zu Beginn der Coda steht dann das gleiche Zeichen ⊕. Der Spieler hat den zwischen den beiden Zeichen stehenden Teil bei der Wiederholung auszulassen und gleich von dem ersten ⊕-Zeichen zu dem zweiten ⊕ überzuspringen.
Soll ein Teil nicht von Beginn wiederholt werden, so setzt man an die Stelle, von der aus die Wiederholung beginnen soll, das Zeichen § oder 𝄋 und an die Stelle,

von der aus man auf das §-Zeichen zurückspringen soll, die Worte *Da capo dal segno* oder *Dal segno* § (vom Zeichen § an).
Soll in einer Komposition ein Teil ausgelassen werden, so wird dieser Teil durch das Wort *vide* (lat., siehe) angezeigt. Zu Beginn des auszulassenden Teiles steht das Zeichen ⊕ mit der Silbe *vi-*, am Ende das Zeichen ⊕ mit der Silbe *-de*: ⊕ *vi-* . . . *-de* ⊕.
Soll ein Teil einer Komposition ohne Pause gleich in einen neuen Teil übergehen, steht an dieser Stelle *attacca* (ital., hänge an).

Die Grundstufen

Für Instrumente, welche über Töne verschiedener Höhe und Tiefe verfügen, ist es notwendig, nicht nur die Zeitdauer und Tonstärke, sondern auch die Tonhöhe im Notenbild festzulegen.
Unser Tonsystem hat die Grundstufen c d e f g a h, also sieben Töne, an die sich weiter ansteigend die gleiche Folge von dem höheren c bis zum nächsthöheren c wieder anschließt (die ungewöhnliche alphabetische Reihenfolge ist S. 42 erklärt). Die Strecke von einem c bis zum nächsthöheren c nennen wir eine *Oktave*. Unser Tonsystem setzt sich aus acht solchen Oktaven zusammen. Um die gleichen Töne der verschiedenen Oktaven voneinander zu unterscheiden, werden sie durch große und kleine Buchstaben mit kleinen Ziffern kenntlich gemacht, von den tiefsten zu den höchsten fortschreitend.

Subkontraoktave	$_2C$	$_2D$	$_2E$	$_2F$	$_2G$	$_2A$	$_2H$
Kontraoktave	$_1C$	$_1D$	$_1E$	$_1F$	$_1G$	$_1A$	$_1H$
Große Oktave	C	D	E	F	G	A	H
Kleine Oktave	c	d	e	f	g	a	h
Eingestrichene Oktave	c^1	d^1	e^1	f^1	g^1	a^1	h^1
Zweigestrichene Oktave	c^2	d^2	e^2	f^2	g^2	a^2	h^2
Dreigestrichene Oktave	c^3	d^3	e^3	f^3	g^3	a^3	h^3
Viergestrichene Oktave	c^4	d^4	e^4	f^4	g^4	a^4	h^4

An Stelle der kleinen Ziffern setzt man auch Striche, also „C ‚C C c c′ c″ c‴ c⁗.

Der Notenplan oder das Liniensystem und die Notenschlüssel

Da eine Notenschrift mit solchen Buchstaben zu umständlich sein würde und auch nicht den Zeitwert der Töne erkennen ließe, kann man die Zeichen für die Zeitwerte der Töne hilfsweise in ein *System von elf Linien und die dazwischenliegenden Zwischenräume* einzeichnen. Auf der mittleren der elf Linien wird das c^1 notiert. Von dieser c^1-Linie aus werden die Grundstufen in den Zwischenräumen und auf den Linien notiert, in ansteigender Richtung die höherliegenden, in absteigender Richtung die tieferliegenden Grundstufen:

Wir finden dann, daß auf der zweiten Linie über der c^1-Linie der Ton g^1 und auf der zweiten Linie unter der c^1-Linie der Ton f liegt.

In der musikalischen Praxis wird aber aus diesem System von elf Linien nur ein *Ausschnitt von fünf Linien* benutzt, der sich nach dem Umfang des Instruments oder der Stimme richtet, für welche die Noten bestimmt sind.

Die fünf Linien sowie die vier Zwischenräume werden immer von unten nach oben gezählt:

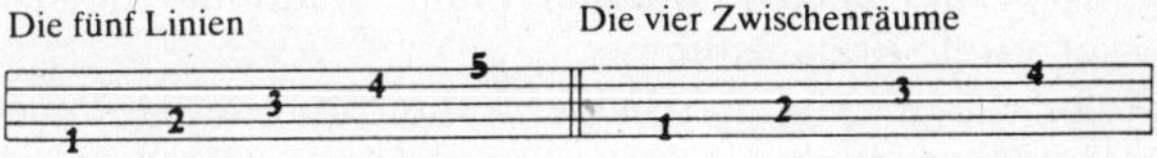

Um deutlich zu machen, welcher Ausschnitt von fünf Linien aus dem System der elf Linien gewählt worden ist, wird die c^1-Linie mit einem Zeichen versehen, welches wir den *C-Schlüssel* nennen. Dieser C-Schlüssel hat zu verschiedenen Zeiten verschiedene Formen gehabt:

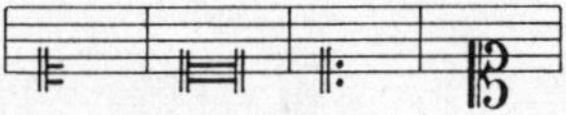

Aus dem nächsten Notenbeispiel (S. 34) sehen wir, daß vier verschiedene Ausschnitte von fünf Linien für den C-Schlüssel verwendet werden.

Die Stimmlagen

Die verschiedenen Tonhöhenlagen werden mit den Namen der Stimmlagen als Sopran, Alt, Tenor und Baß bezeichnet; dazwischen liegen Mezzosopran und Bariton:

Sopran = höchste Frauen- oder Knabenstimme (ital. *sopra*, über).
Mezzosopran = mittlere Frauenstimme (ital. *mezzo*, mittel).
Alt = früher höchste Männerstimme (lat. *altus*, hoch), jetzt tiefe Frauenstimme.
Tenor = hohe Männerstimme, früher führende Stimme (lat. *tenere*, halten).
Bariton = mittlere Männerstimme (griech. *barýs*, tief).
Baß = tiefste Männerstimme (griech. *básis*, Grundlinie).

Die verschiedenen Notenschlüssel

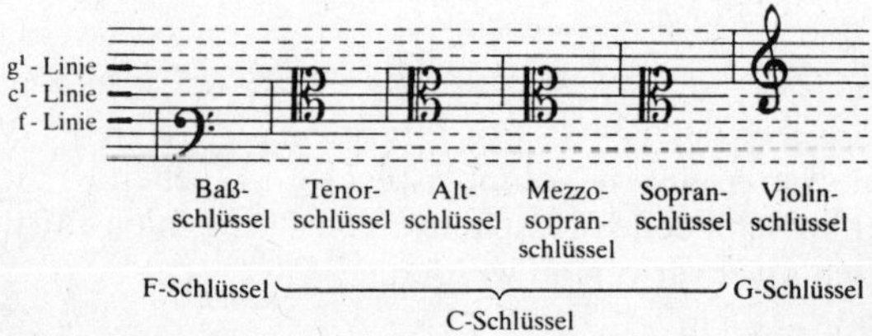

Die Form dieser Schlüssel hat sich ganz allmählich aus den die Tonhöhe bestimmenden Buchstaben G, C und F entwickelt.

Steht der C-Schlüssel auf der vierten Linie, so umfaßt der Fünflinien-Ausschnitt den mittleren Tonbereich einer Tenorstimme; wir nennen diesen Schlüssel daher *Tenorschlüssel* oder *Celloschlüssel*:

Steht der C-Schlüssel auf der dritten Linie, so umfaßt der Fünflinien-Ausschnitt den mittleren Tonbereich einer Altstimme; wir nennen diesen C-Schlüssel dann *Altschlüssel* oder *Bratschenschlüssel*:

Steht der C-Schlüssel auf der zweiten Linie, so umfaßt der Fünflinien-Ausschnitt den mittleren Tonbereich einer Mezzosopranstimme; wir nennen diesen C-Schlüssel dann *Mezzosopranschlüssel*:

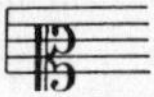

Steht der C-Schlüssel auf der ersten Linie, so umfaßt der Fünflinien-Ausschnitt den mittleren Tonbereich einer Sopranstimme; wir nennen diesen C-Schlüssel dann *Sopranschlüssel* (auch *Diskantschlüssel*):

Wird aus dem Hilfssystem von elf Linien der unterste Ausschnitt von fünf Linien, in dem die C-Linie nicht mehr enthalten ist, verwendet, so wird die zweite Linie unter der c^1-Linie mit dem *F-Schlüssel* oder *Baßschlüssel* versehen. Die beiden Punkte des Schlüssels umschließen die Linie, auf welcher die Note f steht:

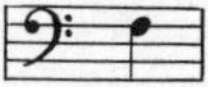

Wird aus dem Hilfssystem von elf Linien der oberste Ausschnitt von fünf Linien, in dem die C-Linie nicht mehr enthalten ist, verwendet, so wird die zweite Linie über der c^1-Linie mit dem *G-Schlüssel* oder *Violinschlüssel* versehen, dessen untere Schleife die zweite Linie, auf der g^1 steht, umschließt:

Werden mehrere Notensysteme gleichzeitig benötigt, so werden sie durch eine gemeinsame starke Linie oder eine *Klammer (Akkolade)* verbunden:

Bei Kompositionen für Klavier werden gewöhnlich die beiden äußeren Notensysteme, das untere mit dem Baßschlüssel für die linke, das obere mit dem Violinschlüssel für die rechte Hand verwendet.
Falls Töne notiert werden sollen, die in einem System von fünf Linien nicht mehr enthalten sind, so bedient man sich über und unter dem Notensystem der *Neben-* oder *Hilfslinien* und ihrer Zwischenräume:

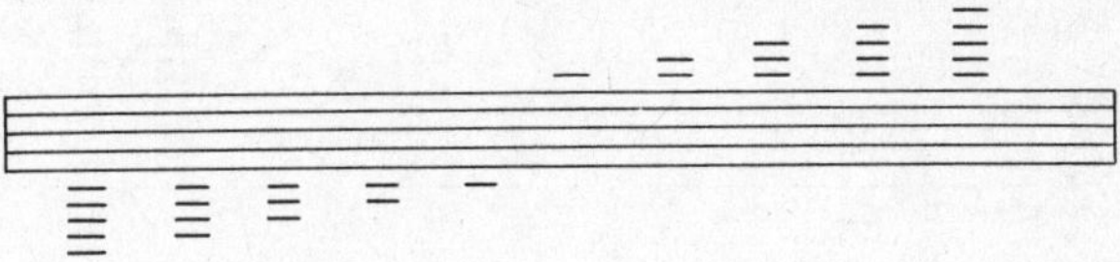

Im Violinschlüssel liegen folgende Töne a) auf den Linien, b) in den Zwischenräumen:

Im Baßschlüssel liegen folgende Töne a) auf den Linien, b) in den Zwischenräumen:

Für den Violinschlüssel erhält man auf den Hilfslinien unter und über dem System folgende Töne:

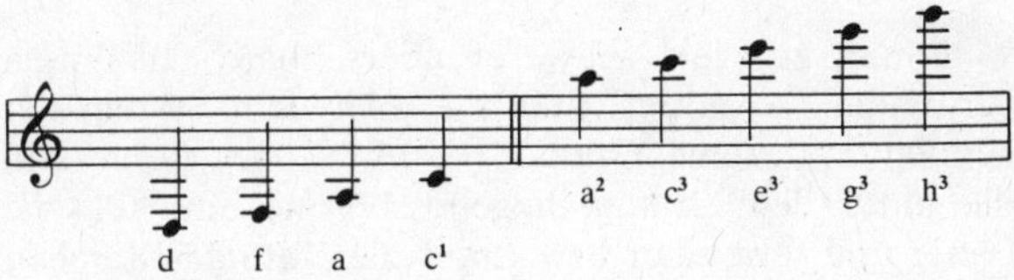

in den Hilfszwischenräumen unter und über dem System:

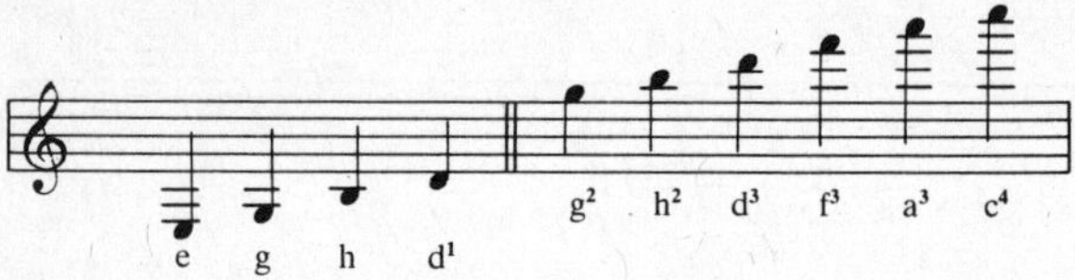

Für den Baßschlüssel erhält man auf den Hilfslinien unter und über dem System folgende Töne:

in den Hilfszwischenräumen unter und über dem System:

Will man zu viele schwerer übersehbare Hilfslinien vermeiden, so notiert man die über dem System liegenden Töne eine Oktave (= acht Töne) tiefer und die unter dem System liegenden Töne eine Oktave höher und setzt über bzw. unter die Note das Zeichen 8va- - - - - - - - - -⌉:

Soll im Baß die tiefere oder im Diskant die höhere Oktave mitgespielt werden, so schreibt man coll' 8va (ital. *coll'ottava*, mit der Oktave):

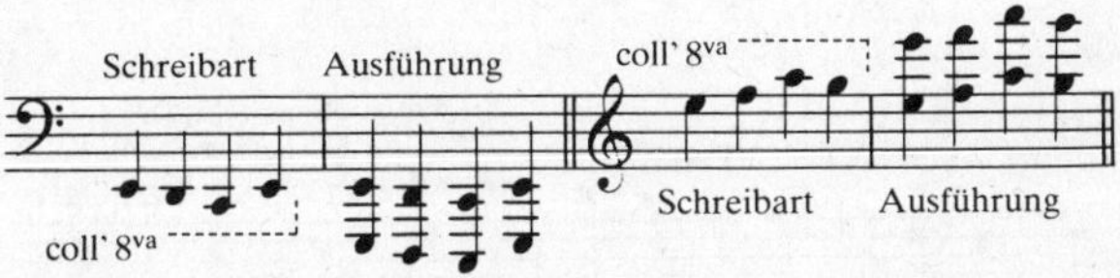

Sollen die Töne wieder in ihrer ursprünglichen Tonhöhe erklingen, so wird oft hinter das Zeichen 8va das Wort *loco* (lat., am Ort) gesetzt, zur Bekräftigung:

Im Baß- und Violinschlüssel aufgezeichnet, hat das Tonsystem folgendes Bild:

Die Subkontraoktave wird auf unseren Klavieren erst von $_2$A ab benutzt. Nur die Orgel verwendet noch tiefere Töne.

Für die Töne, die im Baß- und Violinschlüssel zugleich aufgeschrieben werden können, ergibt sich folgendes Notenbild:

Die Versetzungszeichen (Akzidentien)

Das Kreuz (♯)

Tritt der zwischen zwei weißen Tasten des Klaviers liegende Ton in der Richtung vom tieferen zum höheren Ton auf, so sagt man, der Ton wird *erhöht*.
Zur Benennung wird an die Bezeichnung des tieferen Tones »is« angehängt.

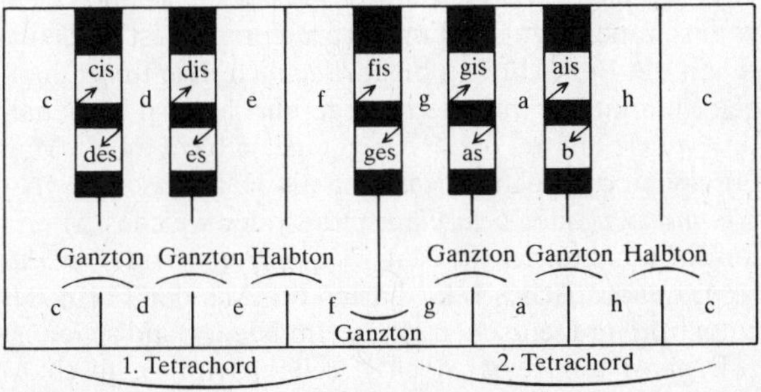

Es heißt der	von	c	nach	d	führende	Ton:	cis
	„ „	d	„	e	„	„	dis
	„ „	f	„	g	„	„	fis
	„ „	g	„	a	„	„	gis
	„ „	a	„	h	„	„	ais

In der Notenschrift wird die *Erhöhung* eines Tones durch ein vorgesetztes *Kreuz* ♯ angezeigt.
Es ergibt sich durch Einbeziehen der fünf erhöhten Töne folgende *aufsteigende chromatische Tonleiter* (siehe S. 46):

Das Be (♭)

Tritt der zwischen zwei weißen Tasten liegende Ton in der Richtung von dem höheren zum tieferen Ton auf, so sagt man, der Ton wird *erniedrigt*.
Zur Benennung wird an die Bezeichnung des höheren Tones »es« angehängt. Es wird aber aes in as und ees in es zusammengezogen. Für das erniedrigte h ist im Deutschen die Bezeichnung b gebräuchlich. Die ursprüngliche Stammtonreihe, die in anderen Ländern beibehalten wurde, hatte die Reihenfolge a b c d e f g. Man unterschied jedoch zwischen b als Halbtonschritt (lat. *b rotundum* oder *b molle*, rundes oder weiches b) und ♮ als Ganztonschritt (lat. *b quadratum* oder *b durum*, quadratisches oder hartes b). Aus der Form des ♮ wurde im Deutschen ein h. (Im Niederländischen ist z. B. statt unseres h noch b (ebenso im Englischen)

und für das erniedrigte b die Benennung bes gebräuchlich.)

Es heißt	der	von	h	nach	a	führende	Ton:	b
	„	„	a	„	g	„	„	as
	„	„	g	„	f	„	„	ges
	„	„	e	„	d	„	„	es
	„	„	d	„	c	„	„	des

In der Notenschrift wird die Erniedrigung eines Tones durch ein vorgesetztes ♭ angezeigt.
Es ergibt sich durch Einbeziehen der fünf erniedrigten Töne folgende *absteigende chromatische Tonleiter*:

Später werden wir sehen (S. 53/54), daß es aus Gründen der musikalischen Orthographie auch gegebenenfalls nötig sein wird, die Töne e nach eis (statt f) und h nach his (statt c) zu erhöhen und die Töne f nach fes (statt e) und c nach ces (statt h) zu erniedrigen.

Doppel-Kreuz (𝄪) und Doppel-Be (𝄫)

Es kommt vor, daß Töne nicht nur einmal, sondern *zweimal erhöht oder erniedrigt* werden.
Für die Benennung der *doppelt erhöhten Note* wird an die Bezeichnung der einfach erhöhten Note nochmals »is« angehängt. Das doppelt erhöhte c heißt also cisis, d disis, f fisis, g gisis, a aisis. Als Zeichen für die doppelte Erhöhung wird vor die Note ein *Doppelkreuz* 𝄪 gesetzt.

Für die Benennung der *doppelt erniedrigten Note* wird an die Bezeichnung der einfach erniedrigten Note nochmals »es« angehängt. Das doppelt erniedrigte d heißt dann deses, e eses, g geses, a ases, h heses. Als Zeichen für die doppelte Erniedrigung wird vor die Note ein *Doppel-Be* ♭♭ gesetzt.
Dadurch ergibt z. B. die doppelte Erhöhung von f: fisis – gleich dem g des Klaviers. Die doppelte Erniedrigung von a ergibt ases, auch gleich dem g des Klaviers. (Physikalisch sind sich fisis, g und ases allerdings nicht gleich, ihre Schwingungshöhen differieren; wegen der temperierten Stimmung [vgl. S. 66] sind die Tonhöhen auf dem Klavier tatsächlich gleich, das heißt, man benutzt etwa für die Töne fis und ges die gleiche Taste.)
Die scheinbare Erschwerung der Notation ist aus Gründen der Logik notwendig, um den musikalischen Zusammenhang zu verdeutlichen. (Vgl. S. 53, 54 und 60.)

Das Auflösungszeichen (♮)

Soll die Erhöhung oder Erniedrigung eines Tones wieder aufgehoben, *aufgelöst* werden, so wird vor die Note ein *Auflösungszeichen* ♮ gesetzt. Auch das Doppelkreuz und das Doppel-Be wird durch ein einfaches Auflösungszeichen aufgelöst.
Soll nach dem doppelt erhöhten Ton der einfach erhöhte Ton auftreten, so wird vor die Note ein ♯ gesetzt.
Soll nach dem doppelt erniedrigten Ton der einfach erniedrigte Ton auftreten, so wird vor die Note ein ♭ gesetzt.

Die Notierung versetzter Töne im Überblick

Die Veränderung eines Akkords (s. S. 70) durch Versetzungszeichen heißt *Alteration* (lat. *alteratio*, Änderung).

Tonleitern und Intervalle

Die chromatische Tonleiter

Die Reihe der Grundtöne von einem Ton bis zu dem gleichnamigen, eine Oktave höher liegenden Ton nennen wir *Tonleiter.*
Betrachten wir die von c beginnende Tonleiter

c d e f g a h c

auf dem Klavier, so finden wir, daß zwischen den Tönen c und d, d und e, f und g, g und a, a und h auf den schwarzen Tasten noch fünf weitere Töne liegen.
Schlagen wir diese dreizehn weißen und schwarzen Tasten der Reihe nach von jedem beliebigen Ton aus an, so hören wir, daß die Abstände der Töne voneinander alle gleich sind. Diese Tonreihe ist die *chromatische Tonleiter* (griech. *chróma*, Farbe; vgl. S. 42).
Der Abstand von einem Ton zu einem anderen wird *Intervall* genannt. Das Intervall von einem Ton der chromatischen Tonleiter zum nächsten ist der *Halbtonschritt*.

Die C-Dur-Tonleiter

Untersuchen wir die Reihe unserer Grundtöne c d e f g a h c auf die Halbtonschritte hin, aus denen sich die chromatische Tonleiter zusammensetzt, so stellen wir fest, daß sie nur *zwei* solcher *Halbtonschritte* enthält, nämlich von e nach f und von h nach c.
Die übrigen Intervalle dieser Tonleiter von c nach d,

von d nach e usw., zwischen denen noch ein Halbtonschritt liegt, nennen wir *Ganztonschritte.* Diese Tonleiter heißt *Dur-Tonleiter* (lat. *durum*, hart). Sie besteht so aus *zwei* gleich gebauten Teilen, *Tetrachorden* (griech., Viertonreihen), die aus *zwei Ganztönen* und *einem Halbton* bestehen und durch *einen Ganztonschritt* voneinander *getrennt* sind (siehe die Zeichnung S. 41):

Die Intervalle (Tonabstände)

In C-Dur haben wir folgende Intervalle (lat. *intervallum*, Zwischenraum):

von	c^1	gerechnet	c^1	die	1.	Tonstufe	oder	*Prime* (Einklang)
„	c^1	„	d^1	„	2.	„	„	*Sekunde*
„	c^1	„	e^1	„	3.	„	„	*Terz*
„	c^1	„	f^1	„	4.	„	„	*Quarte*
„	c^1	„	g^1	„	5.	„	„	*Quinte*
„	c^1	„	a^1	„	6.	„	„	*Sexte*
„	c^1	„	h^1	„	7.	„	„	*Septime*
„	c^1	„	c^2	„	8.	„	„	*Oktave*

Über die Oktave hinausgehend, ist

über	c^1	gerechnet	d^2	die	9.	Tonstufe	oder	*None*
„	c^1	„	e^2	„	10.	„	„	*Dezime*
„	c^1	„	f^2	„	11.	„	„	*Undezime*
„	c^1	„	g^2	„	12.	„	„	*Duodezime*

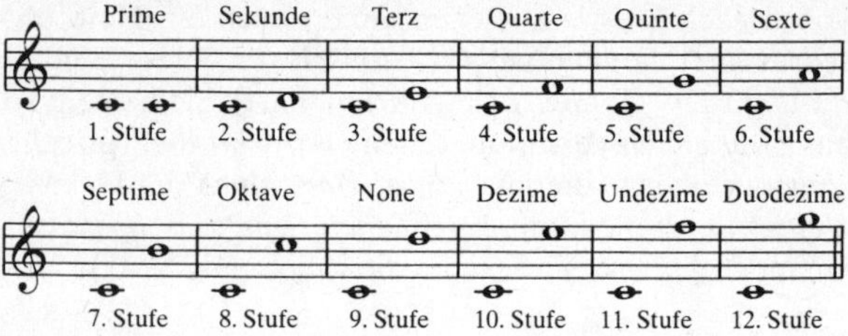

Die deutschen Bezeichnungen der Intervalle sind von den lateinischen Namen der Ordinalzahlen abgeleitet: *prima* = die erste, *secunda* = die zweite, *tertia* = die dritte usw.

Die Intervalle werden meist nur bis zur Oktave gezählt, und man beginnt von hier ab wieder neu zu zählen. Dann ist die None wieder Sekunde, die Dezime = Terz, die Undezime = Quarte, die Duodezime = Quinte.

Die in unserer Tonleiter vom Grundton aus gefundenen Intervalle der Prime, Quarte (fünf Halbtöne), Quinte (sieben Halbtöne) und Oktave (zwölf Halbtöne) werden als *reine Intervalle* bezeichnet.

Die in unserer Tonleiter vom Grundton aus gefundenen Intervalle der Sekunde (zwei Halbtöne), Terz (vier Halbtöne), Sexte (neun Halbtöne) und Septime (elf Halbtöne) heißen *große Intervalle*. Diese großen Intervalle werden durch Erniedrigung des oberen Tones zur *kleinen* Sekunde (ein Halbton), kleinen Terz (drei Halbtöne), kleinen Sexte (acht Halbtöne), kleinen Septime (zehn Halbtöne).

Die reinen und großen Intervalle werden durch Erhöhung zu *übermäßigen*, die reinen und kleinen durch Erniedrigung zu *verminderten Intervallen*.

Tabelle sämtlicher gebräuchlicher Intervalle

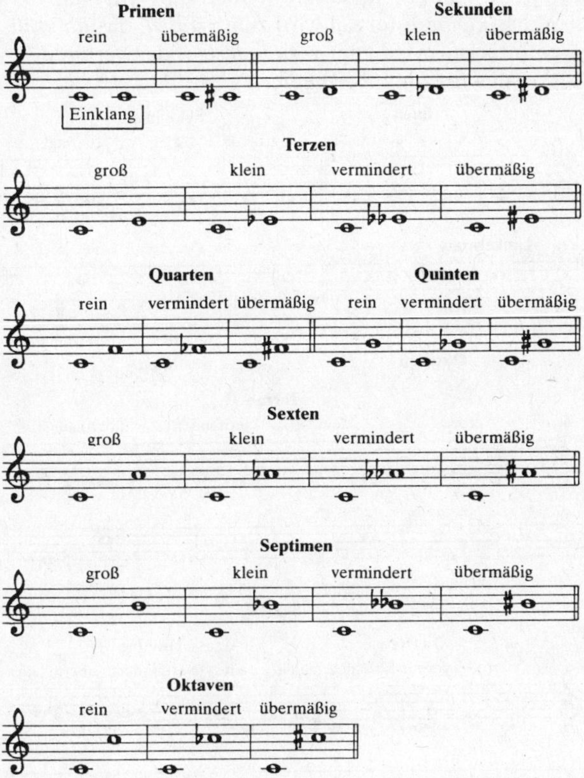

Verlegt man von einem Intervall den tieferen Ton in die höhere Oktave, so entsteht die *Umkehrung* des Intervalls. Durch Umkehrung wird das *reine* Intervall wieder zum *reinen* Intervall, das *große* Intervall wird zum *kleinen*, das *kleine* Intervall wird zum *großen*, das *übermäßige* Intervall wird zum *verminderten*, das *verminderte* Intervall wird zum *übermäßigen*.

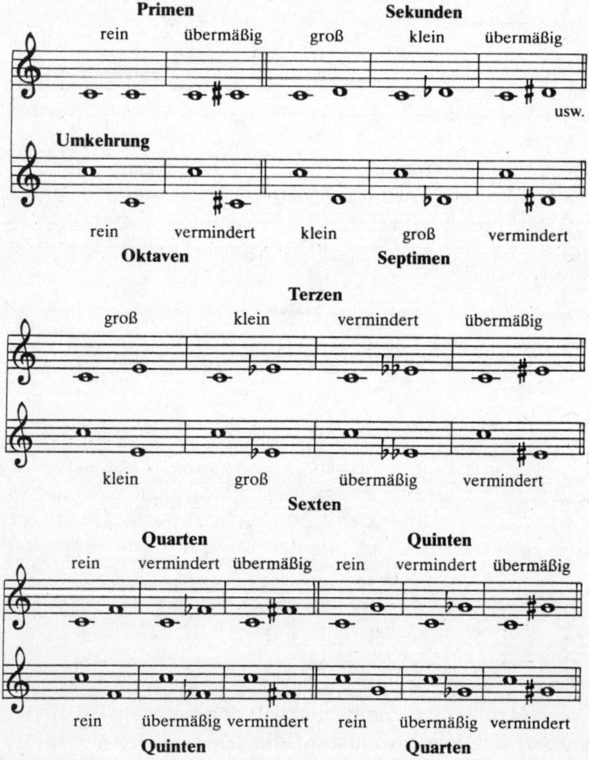

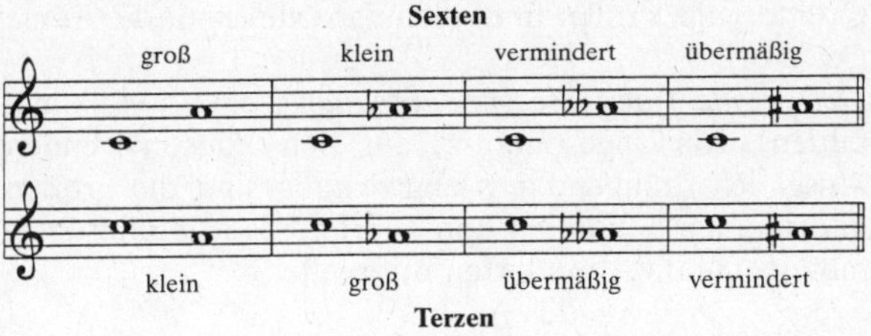

Konsonante und dissonante Intervalle

Nach der verschiedenen Wirkung, welche die Intervalle auf den Hörer ausüben, werden sie in konsonante und dissonante Intervalle eingeteilt.

Konsonante Intervalle (lat. *consonare*, zusammenklingen) von ruhender Klangwirkung sind die reine Prime, die große und kleine Terz, die reine Quarte, die reine

Quinte, die große und kleine Sexte und die reine Oktave.

Dissonante Intervalle (lat. *dissonare*, einen Mißklang bilden) von angespannter, auf den konsonierenden Ausgleich drängender Klangwirkung sind die großen und kleinen Sekunden und Septimen sowie alle übermäßigen und verminderten Intervalle:

Dur-Tonleitern von anderen Tonstufen aus

Will man Dur-Tonleitern von anderen Stufen als c ausbilden, so müssen diese natürlich auch aus *zwei gleichen Tetrachorden von zwei Ganztonschritten und einem Halbtonschritt* bestehen. Nehmen wir die zweite Hälfte der C-Dur-Tonleiter, also die Töne g a h c, als erstes Tetrachord einer neuen, von g beginnenden G-Dur-

Tonleiter, so würde bei dem zweiten Tetrachord mit den Grundtönen d e f g der Halbton nicht am Ende, sondern in der Mitte liegen. Um auch hier ein aus zwei Ganztönen und einem Halbton bestehendes Tetrachord zu erhalten, muß das f nach fis *erhöht* werden.
Wird in gleicher Weise immer wieder das zweite Tetrachord als erstes einer neuen Tonart gesetzt und ein neues zweites Tetrachord gebildet, so ergeben sich folgende *Kreuz-Tonleitern*:

Erstes Tetrachord				Zweites Tetrachord			
(c	d	e	f	g	a	h	c)
g	a	h	c	d	e	fis	g
d	e	fis	g	a	h	cis	d
a	h	cis	d	e	fis	gis	a
e	fis	gis	a	h	cis	dis	e
h	cis	dis	e	fis	gis	ais	h
fis	gis	ais	h	cis	dis	eis	fis
cis	dis	eis	fis	gis	ais	his	cis
gis	ais	his	cis	dis	eis	fisis	gis

Nimmt man die erste Hälfte der C-Dur-Tonleiter, also die Töne c d e f, als zweites Tetrachord einer neuen, von f beginnenden F-Dur-Tonleiter, so liegt in dem aus den Grundtönen f g a h gebildeten Tetrachord am Ende kein Halbton, sondern ein Ganzton. Es muß also, um ein gleichgebildetes Tetrachord mit einem Halbton am Ende zu erhalten, das h nach b *erniedrigt* werden. Setzt man in gleicher Weise immer wieder das erste Tetrachord einer Tonleiter als zweites einer neu zu bildenden Tonart, so ergeben sich folgende *Be-Tonleitern*:

Erstes Tetrachord					Zweites Tetrachord			
(c	d	e	f	→	g	a	h	c)
f	g	a	b	→	c	d	e	f
b	c	d	es	→	f	g	a	b
es	f	g	as	→	b	c	d	es
as	b	c	des	→	es	f	g	as
des	es	f	ges	→	as	b	c	des
ges	as	b	ces	→	des	es	f	ges
ces	des	es	fes	→	ges	as	b	ces
fes	ges	as	heses	→	ces	des	es	fes

Tonika, Unterdominante, Dominante

Die *Anfangs- und Endtöne der beiden Tetrachorde* der Tonleiter haben in ihr eine besondere Bedeutung:

Erstes Tetrachord				Zweites Tetrachord			
c	d	e	f	g	a	h	c
Tonika			Unter-dominante	Ober-dominante			Tonika

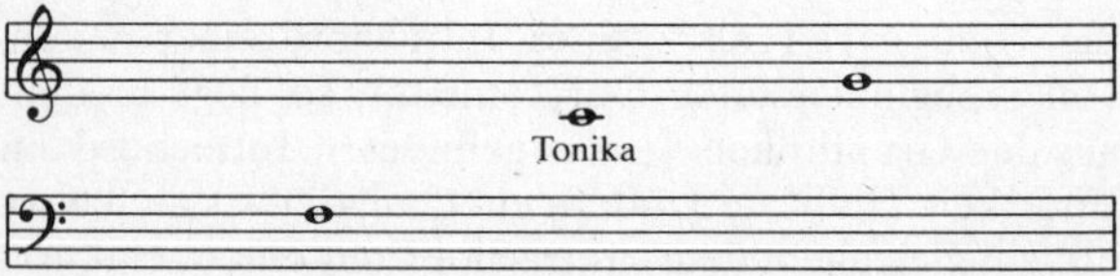

Die beiden zentralen Töne der Tonleiter sind zugleich die Unter- und Oberquinte zum Grundton. Wir werden im späteren Verlauf sehen, daß sie auch die harmonische Spannung der Tonart beherrschen. Der Grundton

unterliegt also der Quintspannung dieser Töne und wird Tonika (griech. *tónos*, Ton, Akzent) genannt. Die die Tonart beherrschenden Quinttöne heißen Unter- und Oberdominante (lat. *dominare*, beherrschen).
Der Grundton der Tonleiter ist ihre *Tonika*, der Endton des ersten Tetrachords (vom Grundton aus abwärts gerechnet der fünfte Ton) ihre *Unterdominante* oder *Subdominante*, der Anfangston des zweiten Tetrachords (vom Grundton aus aufwärts gerechnet der fünfte Ton) ihre *Oberdominante* oder kurz *Dominante*. Der siebente Ton, der zu einem befriedigenden Abschluß der Tonleiter im Halbtonschritt in die Oktave strebt, sich in die Oktave *auflösen* will, heißt *Leitton*:

C-Dur

Die kleine Note (♩c) gibt immer den Grundton von C-Dur an. Die Ziffern bedeuten die Stufen, also 5 die Quinte, 7 die Septime.

Die Kirchentonarten

Zu ganz andersartigen Tonleitern kommen wir, wenn wir an den Tönen c d e f g a h festhalten, die Tonleiter aber nicht von c, sondern von einem der anderen Töne beginnen lassen.

Die so gefundenen Tonreihen entsprechen den die *mittelalterliche Musiktheorie* beherrschenden Tonsystemen. Die Musiktheorie des Mittelalters wurde vornehmlich in den Klöstern von Benediktinermönchen gepflegt. Diese mittelalterlichen Tonarten bezeichnet man daher als Kirchentonarten oder auch Kirchentöne. (In der im *Altertum* führenden *griechischen Musiktheorie* wurden unter dem gleichen Namen andere Tonreihen verstanden.) In jeder dieser Tonleitern sind die Halbtöne anders gelagert:

Die ionische Tonleiter
beginnt von der 1. Stufe der Dur-Tonleiter, stimmt folglich mit der C-Dur-Tonleiter überein.

Die dorische Tonleiter
beginnt von der 2. Stufe der Dur-Tonleiter.

Die phrygische Tonleiter
beginnt von der 3. Stufe der Dur-Tonleiter.

Die lydische Tonleiter
beginnt von der 4. Stufe der Dur-Tonleiter.

Die mixolydische Tonleiter
beginnt von der 5. Stufe der Dur-Tonleiter.

Die äolische Tonleiter
beginnt von der 6. Stufe der Dur-Tonleiter, sie stimmt mit der a-Moll-Tonleiter überein.

Die hypophrygische Tonleiter
beginnt von der 7. Stufe der Dur-Tonleiter.

Von den mittelalterlichen Kirchentonarten sind also Ionisch und Äolisch (als Dur und Moll) bis heute gebräuchlich geblieben.

Ionische Tonleiter

Dorische Tonleiter

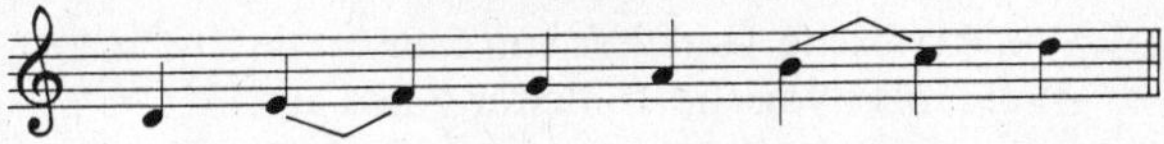

Phrygische Tonleiter

Lydische Tonleiter

Mixolydische Tonleiter

Äolische Tonleiter

Hypophrygische Tonleiter

Diese Kirchentonarten können von den entsprechenden Stufen jeder Dur-Tonleiter beginnend gebildet werden. Es beginnt also z. B. in G-Dur

die ionische Tonleiter von g aus,
die dorische Tonleiter von a aus,
die phrygische Tonleiter von h aus,
die lydische Tonleiter von c aus,
die mixolydische Tonleiter von d aus,
die äolische Tonleiter von e aus,
die hypophrygische Tonleiter von fis aus.

Die Moll-Tonleitern

Die natürliche oder reine Moll-Tonleiter

Wenn wir in der C-Dur-Tonleiter von der Tonika c aus statt der hellklingenden großen Terz e die dunkelklingende *kleine Terz* es, von der Unterdominante f aus statt der hellklingenden großen Terz a die dunkelklingende kleine Terz as, von der Dominante g aus statt der hellklingenden großen Terz h die dunkelklingende kleine Terz b setzen, so bekommen wir statt der hellen Dur-Tonleiter eine dunkelklingende *Moll-Tonleiter* (lat. *mollis*, weich).
Anders ausgedrückt: Die *reine Moll-Tonleiter* wird gekennzeichnet durch die kleine Terz, die kleine Sexte und die kleine Septime, vom Grundton c aus. Ihr Tonbestand, übereinstimmend mit der auf der sechsten Stufe von Dur beginnenden äolischen Kirchentonart, entspricht der auf der dritten Stufe von Moll beginnenden Dur-Tonleiter.

Die von der sechsten Stufe der Dur-Tonleiter ausgehende Moll-Tonleiter wird daher die *parallele Moll-Tonleiter* oder kurz *Paralleltonart* genannt.

Die harmonische Moll-Tonleiter

In der Musik der letzten Jahrhunderte spielt der *Leitton* eine so entscheidende Rolle, daß das Ohr ungern auf ihn verzichtet. Behalten wir aus diesem Grunde statt der erniedrigten Dominantterz (der kleinen Septime vom Grundton c aus) b den Leitton (die große Septime) h bei, so bekommen wir:

die *harmonische Moll-Tonleiter* (vgl. S. 74).

Für alle Tonarten ergeben sich dann folgende harmonische Moll-Tonleitern:

Kreuz-Tonleitern

Erstes Tetrachord				Zweites Tetrachord			
(a	h	c	d	e	f	gis	a)
e	fis	g	a	h	c	dis	e
h	cis	d	e	fis	g	ais	h
fis	gis	a	h	cis	d	eis	fis
cis	dis	e	fis	gis	a	his	cis
gis	ais	h	cis	dis	e	fisis	gis
dis	eis	fis	gis	ais	h	cisis	dis
ais	his	cis	dis	eis	fis	gisis	ais

Be-Tonleitern

Erstes Tetrachord				Zweites Tetrachord			
(a	h	c	d	e	f	gis	a)
d	e	f	g	a	b	cis	d
g	a	b	c	d	es	fis	g
c	d	es	f	g	as	h	c
f	g	as	b	c	des	e	f
b	c	des	es	f	ges	a	b
es	f	ges	as	b	ces	d	es
as	b	ces	des	es	fes	g	as

Die melodische Moll-Tonleiter

In der harmonischen Moll-Tonleiter liegt von der sechsten bis zur siebenten Stufe der recht unsangbare *übermäßige Sekundschritt*, z. B. in c-Moll as – h. Will man diesen Schritt von eineinhalb Tönen aus der Tonleiter entfernen, so ist das unter Beibehaltung des Leittons nur möglich, wenn man auf die Moll-Färbung der Unterdominantterz as verzichtet und den Ton a beibehält. Wir erhalten dann die *aufsteigende melodische Moll-Tonleiter*:

Bei absteigender Tonleiter entfällt das Verlangen nach dem nach oben strebenden Leitton. Man verzichtet auf ihn, nimmt statt seiner die kleine Dominantterz wie im reinen Moll und erhält so die dem reinen Moll entsprechende *absteigende melodische Moll-Tonleiter*:

Durch die gleiche Erhöhung der sechsten Stufe aufwärts und Erniedrigung der siebenten Stufe abwärts finden wir auch für die übrigen Tonarten von den harmonischen Moll-Tonleitern aus die melodischen Moll-Tonleitern.

Die ungarische oder Zigeuner-Tonleiter

Erhöht man in der harmonischen Moll-Tonleiter die vierte Stufe um einen halben Ton, so erhält man die ungarische oder Zigeuner-Tonleiter. Diese Tonleiter hat also nur einen Ganztonschritt, zwei übermäßige Sekundenschritte und vier Halbtonschritte.

Die Ganztonleiter

In der Musik des 19. und 20. Jahrhunderts begegnen wir vielfach einer Tonleiter, die keine Halbtöne aufweist und nur aus Ganztönen besteht. Es gibt *nur zwei* dieser Ganztonreihen.
Beginnt eine solche Reihe von c aus, so weisen die von d, e, fis, gis oder ais beginnenden Reihen immer wieder die gleichen Töne auf. Mit his wird durch enharmonische Verwechslung (siehe S. 68) wieder der Anfangston c erreicht.

Die zweite Ganztonreihe, die es einzig noch gibt, beginnt mit des und weist wieder mit den von es, f, g, a oder h beginnenden Reihen die gleichen Töne auf:

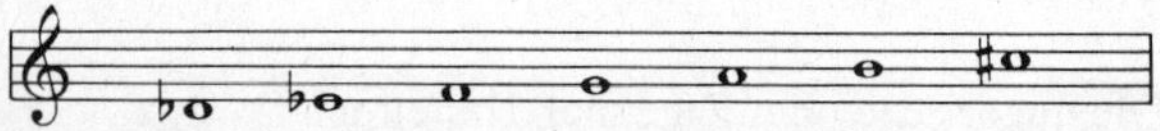

Auch hier wird durch enharmonische Verwechslung des cis wieder der Anfangston des erreicht.

Vorzeichen der Tonarten

Die Versetzungszeichen einer Tonart werden im Verlauf des Stückes nicht jedesmal vor den betreffenden Ton gesetzt, sondern sie werden zu Beginn dem Stück

ein für allemal vorgeschrieben, und zwar zwischen Schlüssel und Taktangabe.
Bei der Vorzeichnung für die *Moll-Tonleitern* ist die *Erniedrigung der großen Dur-Terzen von der Tonika, Unterdominante und Dominante aus in kleine Terzen* maßgebend.
Da die sechste und siebente Stufe der Moll-Tonart veränderlich sind, je nachdem, ob Töne der harmonischen, der ansteigenden oder absteigenden Moll-Tonleiter vorkommen, werden diese Abweichungen von der zu Beginn des Stückes vorgeschriebenen reinen Moll-Vorzeichnung jeweils im Verlauf der Komposition gesetzt.
Es ergibt sich dann, daß für die verschiedenen Dur- und Moll-Tonarten folgende Vorzeichnungen zu Beginn des Stückes gesetzt werden, jeweils im Quintabstand aufsteigend (Kreuz-Tonarten) oder absteigend (Be-Tonarten):

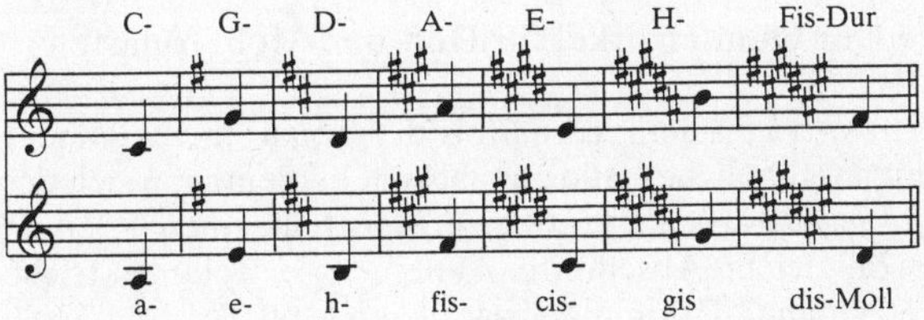

Die Tonarten C-Dur und a-Moll haben keine Vorzeichnungen.
Hat ein Stück also z. B. zwei ♯ vorgezeichnet, so wissen wir, daß es entweder in D-Dur oder in h-Moll steht. Hat ein Stück drei ♭ vorgezeichnet, so wissen wir, daß es entweder in Es-Dur oder in c-Moll steht:

Ob es nun in Dur oder in der parallelen Moll-Tonart steht, muß der Spieler aus dem Verlauf der Komposition ermitteln, wobei die später (S. 70 ff.) gebotenen Kenntnisse der Harmonielehre wertvolle Hilfe leisten.

Der Quintenzirkel für Dur- und Moll-Tonarten

Um sich von dem Verhältnis der Tonarten zueinander ein anschauliches Bild zu machen, bedient man sich des *Quintenzirkels* (S. 65 oben). Man teilt einen Kreis in zwölf gleiche Abschnitte. Auf einen der Teilungsstriche setzt man C-Dur mit der parallelen Moll-Tonart a-Moll. Setzt man auf die nächsten Teilungsstriche immer die eine Quinte höher beginnende Dur-Tonart mit ihrer parallelen Moll-Tonart, so kommt man im Kreise herumgehend wieder bei C-Dur und a-Moll an.
S. 65 unten sind die beiden Tongeschlechter, Dur und Moll, in getrennten Zirkeln dargestellt.

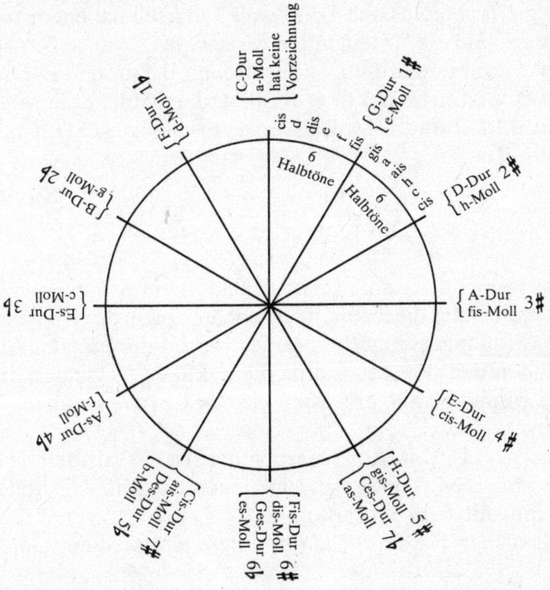
C-Dur
a-Moll
hat keine
Vorzeichnung
G-Dur
e-Moll 1♯
D-Dur
h-Moll 2♯
A-Dur
fis-Moll 3♯
E-Dur
cis-Moll 4♯
H-Dur
gis-Moll 5♯
Ces-Dur
as-Moll 7♭
Fis-Dur
dis-Moll 6♯
Ges-Dur
es-Moll 6♭
Cis-Dur
ais-Moll 7♯
Des-Dur
b-Moll 5♭
As-Dur
f-Moll 4♭
Es-Dur
c-Moll 3♭
B-Dur
g-Moll 2♭
F-Dur
d-Moll 1♭
cis d dis e f fis
gis a ais h c cis
6
Halbtöne
6
Halbtöne

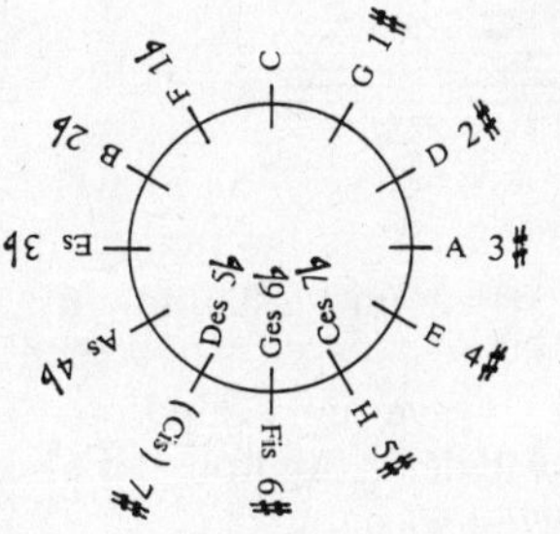
C
G 1♯
D 2♯
A 3♯
E 4♯
H 5♯
Fis 6♯
(Cis) 7♯
As 4♭
Es 3♭
B 2♭
F 1♭
Des 5♭
Ges 6♭
Ces 7♭

Dur

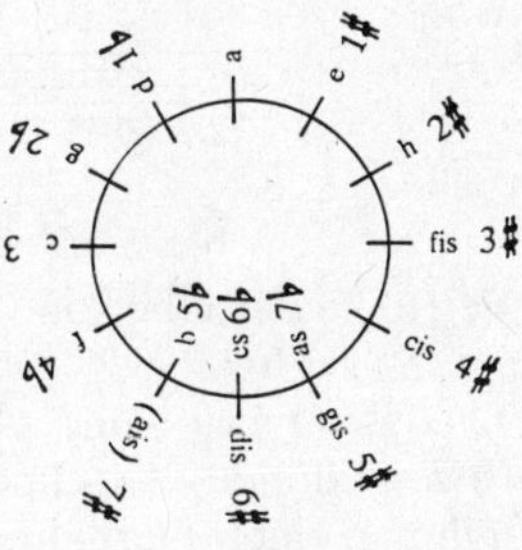
a
e 1♯
h 2♯
fis 3♯
cis 4♯
gis 5♯
dis 6♯
(ais) 7♯
f 4♭
c 3♭
g 2♭
d 1♭
b 5♭
es 6♭
as 7♭

Moll

Je mehr gemeinsame Töne zwei Tonarten haben, um so näher sind sie miteinander *verwandt*: C-Dur z. B. nah mit F-Dur und G-Dur, entfernter mit B-Dur und D-Dur usw.; a-Moll nah mit d-Moll und e-Moll, entfernter mit g-Moll und h-Moll usw.; auch sehr nah C-Dur mit a-Moll.

Das temperierte System

Der Ton ist, physikalisch betrachtet, ein *Schwingungsvorgang*, und die Tonhöhe ist abhängig von der Zahl der Schwingungen innerhalb einer bestimmten Zeit. (Als Maßeinheit der Zeit wurde die Sekunde festgelegt; die Schwingungszahl pro Sekunde wird in *Hertz* angegeben.)
Was wir als Einzelton wahrnehmen, ist in Wahrheit eine Summe von Tönen verschiedener Schwingungshöhe. Denn mit dem Grundton, z. B. C, erklingen mehrere schwächer hörbare *Teiltöne* (*Partialtöne*) oder *Obertöne*:

1 2 3 4 5 6

Die Reihe der Obertöne setzt sich im Verhältnis 1 : 2 : 3 : 4 : 5 usw. fort.
Der erste Oberton bildet die Oktave zum Grundton. Er schwingt doppelt so schnell wie der Grundton, der also zu ihm in einem Verhältnis wie 1 : 2 steht.
Der zweite Oberton ist die Quinte zur Oktave. Er

schwingt dreimal so schnell wie der Grundton; seine Verhältniszahl lautet 2 : 3.
Mathematisch rein sind die Intervalle in der Reihenfolge der Obertöne nur von einem Grundton aus. Die von einem neuen Grundton, z. B. der Sekunde d des Grundtons c, abgeleiteten reinen Intervalle weichen von den Intervallen des Grundtons c leicht ab. Und geht man vom Ton $_1C$ aus zwölf Quintschritte aufwärts, erreicht man das his^4, welches in der Schwingungszahl ein wenig höher ist als der vom selben Ausgangston $_1C$ erreichte siebte Oktavton c^5. Diese kleine Differenz, *Komma* genannt, verteilt man nun gleichmäßig auf alle zwölf Quinten, die auf diese Weise alle eine Spur zu eng gestimmt werden. Der Quintenzirkel schließt sich, his ist gleich c.
Dieses Ausgleichen der minimalen Tondifferenzen wird *Temperieren* genannt, während das Ausspielen der Unterschiede als *reine Stimmung* bezeichnet wird. Die Abweichungen der temperierten von der reinen Stimmung sind so gering, daß sie das Ohr des Hörers kaum stören. Die temperierte Stimmung wurde zu Bachs Zeit, um 1700, Allgemeingut, so daß er als erster in seinem »Wohltemperierten Clavier« zwei Bände Präludien und Fugen in allen 24, zum Teil bislang ungebräuchlichen Dur- und Moll-Tonarten komponierte.

Enharmonische Töne und Tonarten

Vergleichen wir also die ♯-Tonarten und ♭-Tonarten in Dur und Moll miteinander, so finden wir, daß H-Dur auf dem Klavier dieselben Töne hat wie Ces-Dur, Fis-Dur

wie Ges-Dur, Cis-Dur wie Des-Dur, dis-Moll wie es-Moll und gis-Moll wie as-Moll.
Die Töne und Tonarten, welche man auf zweierlei Art aufschreiben kann, wohlwissend, daß die Tonhöhen ein wenig voneinander abweichen, bezeichnet man als *enharmonisch* gleiche Töne und Tonarten. Schreibt man z. B. statt cis die Note des oder statt der Cis-Dur-Tonleiter die Des-Dur-Tonleiter, so bezeichnet man das als *enharmonische Verwechslung* des Tones oder der Tonart. Jeder Ton kann auf diese Weise enharmonisch verwechselt werden. Über die Notierung eines Tones in einer Komposition entscheidet der harmonische Zusammenhang: in A-Dur muß er beispielsweise cis heißen, in b-Moll des.
Beziehen wir auch noch die *doppelte Erhöhung und Erniedrigung der Töne* ein, so ergeben sich folgende Möglichkeiten der enharmonischen Verwechslung:

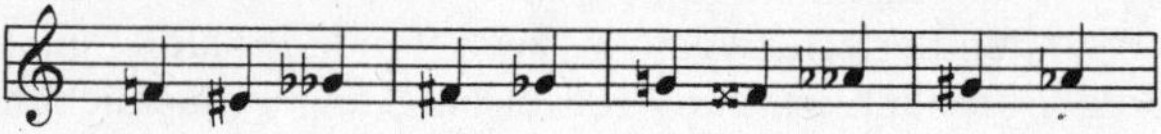

Das Transponieren

Das Übertragen eines Tonstücks aus einer Tonart in eine andere Tonart nennt man *transponieren.*
Dieses Transponieren wird sehr oft notwendig, wenn

der Umfang oder die Lage der Tonart, in der ein Musikstück aufgeschrieben ist, für die Singstimme oder das ausführende Instrument zu hoch oder zu tief ist.
Soll eine Melodie, welche in C-Dur notiert ist:

C-Dur

einen Ton höher erklingen, so muß sie nach D-Dur transponiert werden.

D-Dur

Soll die Melodie einen Ton tiefer erklingen, so muß sie nach B-Dur transponiert werden:

B-Dur

Die Akkorde

Die Dreiklänge

Akkord (lat. *accordare*, übereinstimmen) nennt man den Zusammenklang mehrerer Töne. Die wichtigsten Akkorde sind die *Dreiklänge*, die durch Übereinanderlagerung von zwei Terzen entstehen. Der Dreiklang von c aus: c e g besteht aus einer *großen Terz* und einer darübergelagerten *kleinen Terz*; der oberste Ton ist dann vom Grundton um eine *reine Quinte* entfernt. Drückt man die Intervalle in Zahlen aus, so ergibt sich:

5. Quinte
3. Terz
1. Prime oder Grundton

Ein solcher Dreiklang klingt hell, wir bezeichnen ihn als *Dur-Dreiklang*. Bilden wir auf jeder Stufe der Dur-Tonleiter Dreiklänge aus den Tönen der Tonleiter, so finden wir, daß auf den *Anfangs- und Endtönen unserer Tetrachorde* c, f und g, also auf der I., IV und V. Stufe solche *Dur-Dreiklänge* stehen.

C-Dur

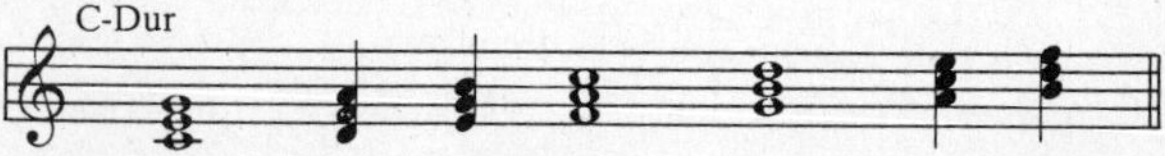

Stufe: I II III IV V VI VII°

Die Dreiklänge auf der II., III. und VI. Stufe sind anders gebildet, sie klingen dunkel und bestehen aus einer *kleinen Terz* und einer darüber gelagerten *großen Terz*. Der

Abstand des obersten Tones vom Grundton ist ebenso wie beim Dur-Dreiklang eine *reine Quinte*. Einen solchen Dreiklang bezeichnet man als *Moll-Dreiklang*.
Der Dreiklang auf der VII. Stufe klingt im Gegensatz zu den Dur- und Moll-Dreiklängen dissonant; er besteht aus *zwei kleinen Terzen*. Der Abstand seines obersten Tones von seinem Grundton ist eine *verminderte Quinte*. Einen solchen Dreiklang bezeichnet man als *verminderten Dreiklang*.
Unter dem Notenbeispiel sind die Dur-Dreiklänge mit großen römischen Ziffern, die Moll-Dreiklänge mit kleinen römischen Ziffern und der verminderte Dreiklang mit einer kleinen römischen Ziffer und einem kleinen ° bezeichnet.
Bauen wir ebenso auf jeder Stufe der harmonischen Moll-Tonleiter einen Dreiklang auf, so erhalten wir auf der I. und IV. Stufe Moll-Dreiklänge, auf der V. und VI. Stufe Dur-Dreiklänge und auf der II. und VII. Stufe verminderte Dreiklänge.

Auf der III. Stufe finden wir einen Dreiklang, der aus *zwei großen Terzen* besteht. Der Abstand des obersten Tones vom Grundton ist eine *übermäßige Quinte*. Einen solchen Akkord bezeichnet man als *übermäßigen Dreiklang*. Zur Bezeichnung des übermäßigen Dreiklangs ist neben die römische Ziffer ein Häkchen gesetzt.
Man unterscheidet also folgende vier Hauptarten von Dreiklängen:

Ein Dreiklang tritt natürlich nicht nur so auf, daß die Terzen immer dicht beieinander liegen:

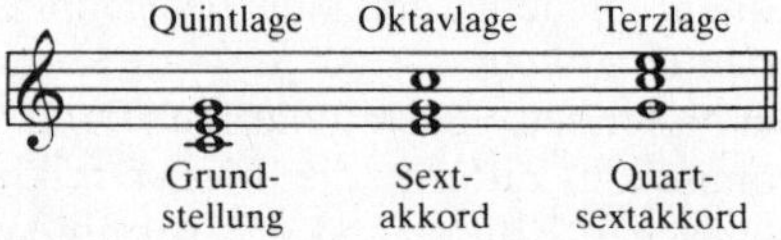

Liegt der Grundton des Dreiklangs unten, so haben wir die *Grundstellung* des Dreiklangs. Liegt die Terz unten, so beträgt ihr Abstand bis zum nächsten Akkordton eine Terz, bis zum Stammton eine Sexte; wir haben dann die Terzsextakkord- oder kurz *Sextakkordumkehrung* des Dreiklangs. Liegt die Quinte unten, so beträgt ihr Abstand vom Stammton eine Quarte und vom folgenden Akkordton eine Sexte; wir haben dann die *Quartsextakkordumkehrung* des Dreiklangs.
Liegt im vierstimmigen Satz bei einem Akkord der Grundton in der obersten Stimme (unabhängig davon, welcher Akkordton im Baß liegt), so spricht man von der *Oktavlage*, liegt die Terz in der obersten Stimme, von der *Terzlage*, liegt die Quinte in der obersten Stimme, von der *Quintlage*.

Die Kadenzen

Eine *Kadenz* (lat. *cadere*, fallen) ist eine Aufeinanderfolge von mehreren Akkorden verschiedener Stufen. Die einfachste Form der Kadenz ist eine Aufeinanderfolge der *Hauptdreiklänge*, die auf den *Anfangs- und Endtönen unserer Tetrachorde* stehen. Verdoppeln wir die Grundtöne, so daß wir nicht drei, sondern vier Stimmen haben, so erhalten wir mit den Dreiklängen der I., IV. und V. Stufe folgende zur ersten Stufe zurückkehrende Kadenz:

I	IV	V	I
Tonika	Unterdominante	Dominante	Tonika

Es würde über den Rahmen einer allgemeinen Musiklehre hinausgehen, sich hier schon eingehend mit den Gesetzen der Stimmführung auseinanderzusetzen. In diesem Zusammenhang genügt es, um fehlerhafte Fortschreitungen zu vermeiden, auf folgendes hinzuweisen:

1. Haben zwei aufeinanderfolgende Dreiklänge einen *gemeinsamen Ton*, so soll dieser gemeinsame Ton liegenbleiben: c e g und f a c haben den gemeinsamen Ton c. Bei der Verbindung dieser beiden Dreiklänge bleibt also c liegen. Bei der Verbindung von g h d und c e g bleibt der gemeinsame Ton g liegen.

2. Haben zwei aufeinanderfolgende Akkorde *keinen gemeinsamen Ton*, so müssen die drei oberen Stimmen Gegenbewegung zur Baßstimme haben; f a c und g h d haben keinen gemeinsamen Ton; da der Baß von f nach g aufwärts schreitet, müssen die drei Oberstimmen sich von c f a nach h d g abwärts bewegen.

Setzen wir im Tonika- und Unterdominant-Dreiklang statt der großen Dur-Terzen e und a die kleinen Moll-Terzen es und as (unter Beibehaltung des Leittons h im Dominant-Dreiklang), so erhalten wir die *Moll-Kadenz*, in der wir die Töne der harmonischen Moll-Tonleiter wiederfinden (siehe S. 59).

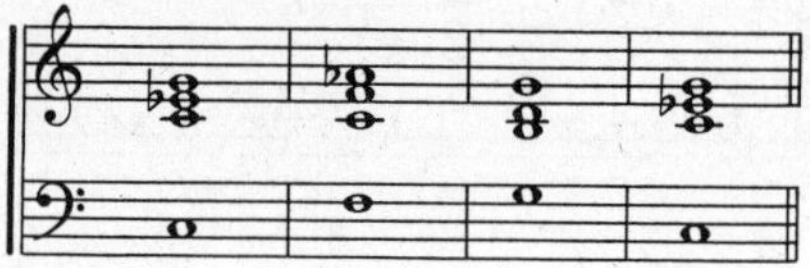

Von der *Oktavlage* des Tonika-Dreiklangs beginnend, lautet die gleiche Akkordfolge (in Klammern – auch im folgenden Beispiel – die Versetzungszeichen für die Moll-Kadenz):

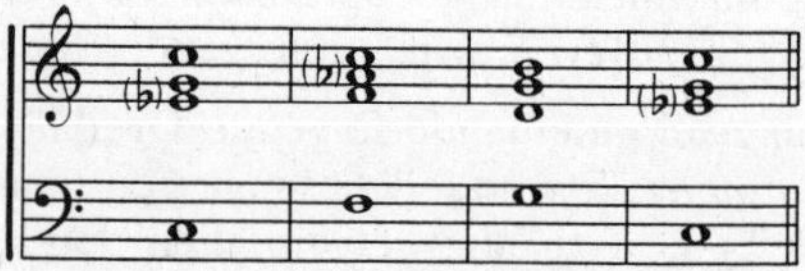

Von der *Terzlage* des Tonika-Dreiklangs beginnend, lautet die gleiche Akkordfolge:

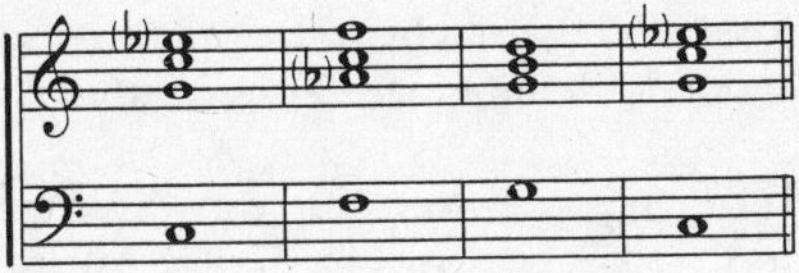

Es ist besonders wichtig, diese Kadenzen in allen Tonarten klar und sicher zu beherrschen, denn mit ihnen kann man die meisten einfachen Liedmelodien begleiten.

Die Kadenz mit dem Schluß V, I heißt *vollkommene Kadenz*; sie endet mit einem *Ganzschluß* oder auch *authentischen* (= selbständigen) *Schluß*.

Endet die Kadenz mit der Aufeinanderfolge IV, I, spricht man von einem *plagalen* (= abgeleiteten) *Schluß*.

Endet die Kadenz auf der V. Stufe, so handelt es sich um eine *unvollkommene Kadenz*; sie hat einen *Halbschluß*.

Die Schlußfolge IV., V. Stufe in Moll bezeichnet man als *phrygischen Schluß*:

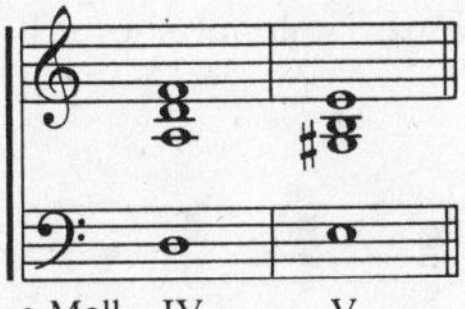

Endet eine Kadenz statt mit dem Dreiklang der I. Stufe mit dem Dreiklang der VI. Stufe (also mit der Tonika der parallelen Moll-Tonart) nach der V. Stufe, so vermittelt sie dem Hörer das Gefühl von einem unerwarteten, zunächst noch gar nicht vollzogenen Abschluß; die Kadenz endet dann mit einem *Trugschluß*:

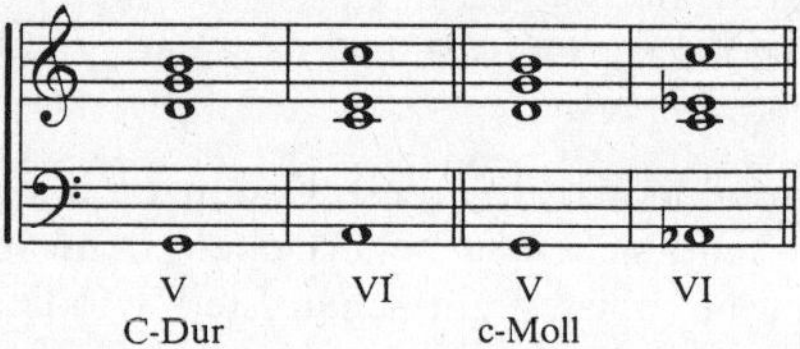

Die Septakkorde (Septimenakkorde)

Werden drei statt wie beim Dreiklang zwei Terzen übereinandergelagert, so erhält man einen *Septakkord*, der aus Grundton (Prime), Terz, Quinte und Septime besteht:

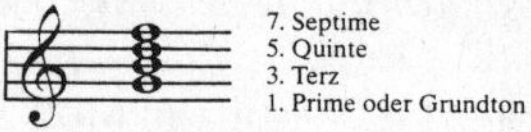

Bilden wir auf jeder Stufe der Dur- und der harmonischen Moll-Tonleiter solche Septakkorde, so erhalten wir:

Die große römische Ziffer deutet an, daß wir, vom Grundton gerechnet, zunächst einen Dur-Dreiklang haben. Die kleine römische Ziffer bezeichnet den Moll-Dreiklang, der Strich ' neben der großen römischen Ziffer den übermäßigen Dreiklang, der kleine Kreis ° neben der kleinen römischen Ziffer den verminderten Dreiklang. Die kleine ^{7} hinter der römischen Ziffer bedeutet, daß über dem Dreiklang vom Grundton gerechnet noch eine kleine Septime liegt. Ein Strich durch die ^{7} bedeutet, daß die Septime nicht klein, sondern groß ist. Die Abkürzung $^{\text{verm.}}$ bedeutet, daß die Septime nicht klein, sondern vermindert ist.
Wir sehen aus unserem Notenbeispiel, daß es Septakkorde mit kleiner, großer und verminderter Septime, also *kleine, verminderte* und *große Septakkorde* gibt:

Dominant- oder Hauptseptakkord | verminderter Septakkord | großer Septakkord

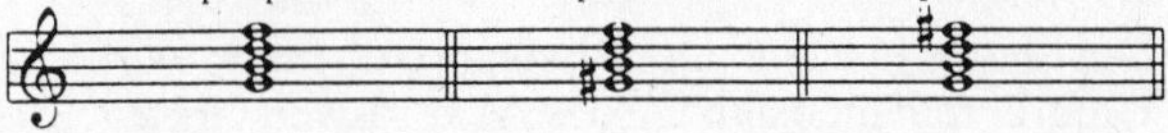

Bei den kleinen und großen Septakkorden unterscheiden wir wiederum solche mit (großer) Dur-Terz, mit (kleiner) Moll-Terz, mit übermäßigem und mit vermindertem Dreiklang.
Die Septakkorde können ebenso wie die Dreiklänge in verschiedenen *Umkehrungen* auftreten:

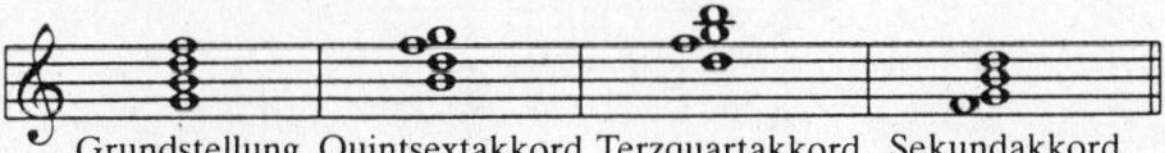

Grundstellung des Dominantseptakkords | Quintsextakkord | Terzquartakkord | Sekundakkord

Für die Bezeichnung wird immer angegeben, welches Intervall der zuunterst liegende Ton mit der Septime und dem Grundton bildet. Liegt der Grundton eines Septakkords zuunterst, so haben wir den *Grundakkord*; liegt die Terz zuunterst, so haben wir einen *Quintsextakkord*; liegt die Quinte zuunterst, so haben wir einen *Terzquartakkord*; liegt die Septime zuunterst, so haben wir einen *Sekundakkord.*
Wenn man in die Kadenz mit den Dreiklängen I, IV, V, I von C-Dur den Septakkord der II. Stufe einsetzen will, braucht man nur an Stelle des verdoppelten Tones f die II. Stufe d zu setzen:

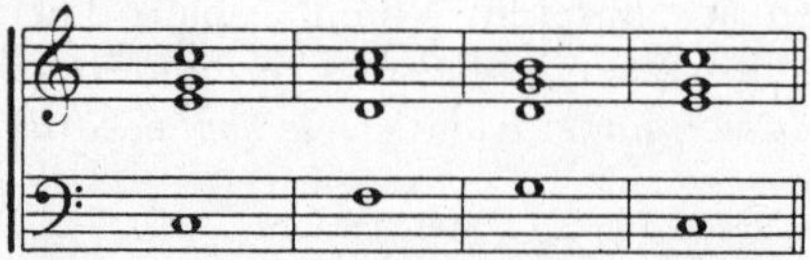

Durch die entstehende Dissonanz d^1 bis c^2 wird die Unterdominantspannung des Akkords verstärkt.
Der wichtigste aller Septakkorde ist der Septakkord auf der V. Stufe, der *Dominantseptakkord.* Er ist sowohl in Dur wie in Moll der *einzige* Septakkord, der aus einem *Dur-Dreiklang* und einer *kleinen Septime* besteht.
In ihm hat der Leitton das Bestreben, sich aufwärts in die Tonika aufzulösen, während die Septime sich abwärts in die Terz aufzulösen sucht:

Bei dieser Art der Auflösung des Dominantseptakkords tritt der Tonika-Dreiklang ohne Quinte auf. Setzt man den Dominantseptakkord mit dieser Auflösung in den Tonika-Dreiklang in die Kadenz ein, so erhält man die Kadenz mit den Septakkorden der II. und V. Stufe (in Klammern die Versetzungszeichen für die Moll-Kadenz):

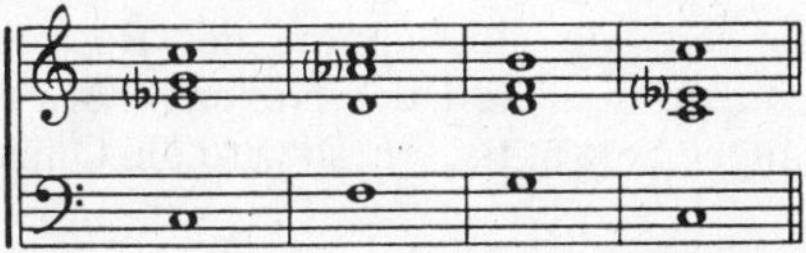

Soll der Dominantseptakkord sich in den Tonika-Dreiklang mit Quinte auflösen, so muß im Dominantseptakkord die Quinte ausgelassen und statt ihrer der Grundton verdoppelt werden.

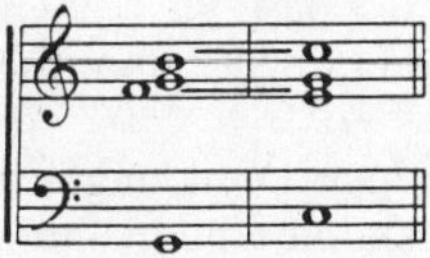

Der Nonenakkord

Werden vier statt wie beim Septakkord drei Terzen übereinandergelagert, so erhält man einen *Nonenakkord*, der aus Grundton (Prime), Terz, Quinte, Septime und None besteht. Ist die None groß, so haben wir einen *großen Nonenakkord*; ist die None klein, so haben wir einen *kleinen Nonenakkord*.

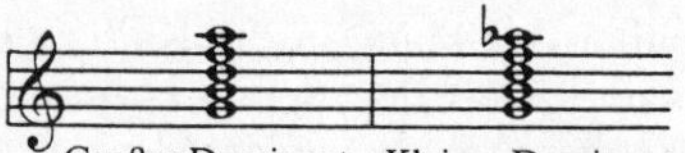

Großer Dominant-nonenakkord — Kleiner Dominant-nonenakkord

Die None hat wie die Septime das Bestreben, sich abwärts aufzulösen. Soll der Nonenakkord in einem vierstimmigen Satz auftreten, so wird die Quinte ausgelassen.

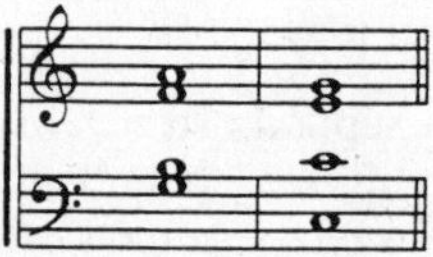

Wichtige Unterdominantharmonien

Beim Unterdominant-Dreiklang kann man die den Dominantton umklammernde Unterdominantterz alterieren, z. B. in C-Dur f und a zu fis oder as erhöhen bzw. erniedrigen, und auch die Quinte durch Nachbartöne ersetzen. Durch diese stärkere Halbtonstrebigkeit wird der Unterdominantcharakter nicht gestört, sondern noch verschärft.
Setzt man in C-Dur zu den Unterdominanttönen f und a oder in c-Moll zu f und as statt der reinen Quinte c die große Sexte d, so erhält man den *Sextakkord des Dreiklangs* der II. Stufe mit verdoppelter Terz:

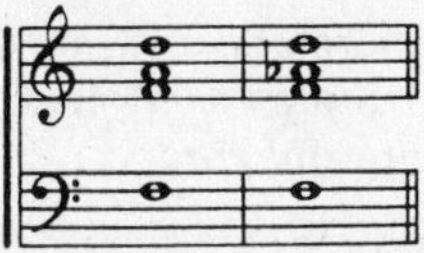

Setzt man in den Unterdominantakkord f as d statt der großen Sexte d die kleine Sexte des, so erhält man den *Neapolitanischen Sextakkord*, den Sextakkord des Dreiklangs auf der *erniedrigten* II. Stufe mit verdoppelter Terz (dieser Akkord ist leitereigen in der phrygischen Tonart):

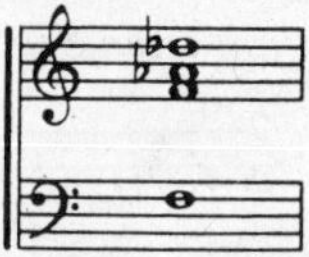

Erhöht man in der Sextakkordumkehrung des Moll-Unterdominant-Dreiklangs die IV. Stufe von f nach fis, so erhält man den *übermäßigen Sextakkord*:

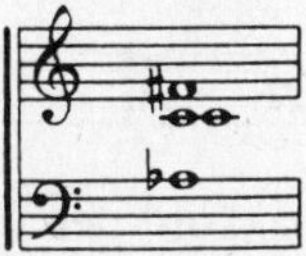

Setzt man in den übermäßigen Sextakkord statt des verdoppelten c die II. Stufe d, so erhält man den *übermäßigen Terzquartakkord*:

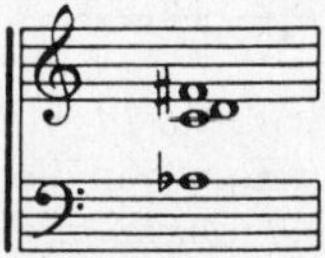

Setzt man in den übermäßigen Sextakkord statt des verdoppelten c die III. Stufe von Moll es, so erhält man den *übermäßigen Quintsextakkord*:

Alteriert man in der Quintsextakkordumkehrung des Septakkords der II. Stufe f nach fis und d nach dis, so erhält man einen *verminderten Septakkord*:

Kommt derselbe Akkord in c-Moll vor, so wird er nicht mit dis, sondern enharmonisch verwechselt mit es geschrieben; es ist der verminderte Septakkord auf der alterierten IV. Stufe:

Erhöht man im Septakkord der II. Stufe die Terz, so erhält man einen Septakkord, der *Dominantseptakkord* der höheren Quinttonart ist:

Dieser Akkord heißt *Wechseldominante* und wird gern benutzt, um von einer Tonart in die höhere Quinttonart überzugehen (*»Doppeldominante«*).

Die Modulation

Das Übergehen von einer Tonart in eine andere Tonart nennt man *Modulation*. Beginnt ein Stück z. B. in C-Dur und geht dann in die Tonart G-Dur über, so liegt eine Modulation von C-Dur nach G-Dur vor, oder man sagt auch, das Stück moduliert von C-Dur nach G-Dur.

Eine Modulation kommt zustande, wenn man einen Akkord der alten Tonart zu einem Akkord der neuen Tonart umdeutet und dann in der neuen Tonart fortfährt.

Die am häufigsten vorkommende *Modulation* ist die *in die höhere Quinttonart*.

Wenn z. B. ein Stück in C-Dur beginnt und nach der höheren Quinttonart G-Dur modulieren soll, so wäre der einfachste Weg, den Tonika-Dreiklang c e g von C-Dur umzudeuten in die G-Dur-Tonart, in der er als Unterdominant-Dreiklang auf der IV. Stufe steht. Man erreicht die neue Tonart G-Dur, indem man von ihrem Unterdominant-Dreiklang c e g aus beginnend über

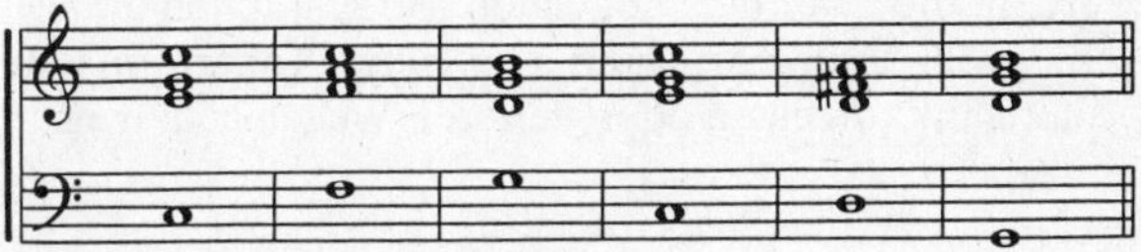

C-Dur I IV V I
= G-Dur: IV V I

den Dominant-Dreiklang d fis a eine Kadenz in G-Dur spielt.

Neben der Modulation in die höhere Quinttonart kommt besonders von einer Moll-Tonart aus am häufigsten die *Modulation in die höhere Terztonart, Medianttonart*, vor.
Wenn z. B. ein Stück in c-Moll beginnt und nach der höheren Terztonart Es-Dur modulieren soll, so wäre der einfachste Weg, den Tonika-Dreiklang von c-Moll c es g umzudeuten in die Es-Dur-Tonart, in der er als Tonikaparellel-Dreiklang auf der VI. Stufe steht. Man erreicht die neue Tonart Es-Dur, indem man von ihrem Tonikaparellel-Dreiklang c es g aus beginnend über die Dreiklänge der IV. Stufe as c es und der V. Stufe b d f eine Kadenz in Es-Dur spielt:

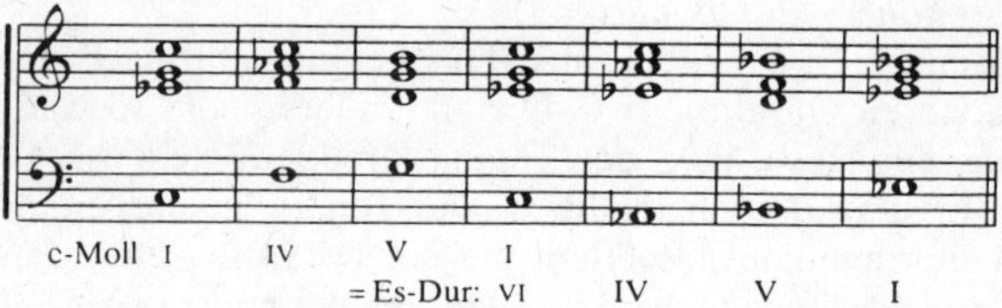

In ähnlicher Weise können alle Akkorde umgedeutet werden; die Zahl der möglichen Modulationen ist also sehr groß, und man kann von einer Tonart in jede andere auf kürzesten oder weiteren Wegen gelangen.

Von der Bewegung der Stimmen

Bewegung innerhalb eines Akkords

Will man die starre Aufeinanderfolge von Harmonien in Bewegung auflösen, so geschieht das auf die einfachste Art durch die *Brechung der Akkorde*; man läßt die Akkordtöne nicht gleichzeitig, sondern nacheinander auftreten:

Hieraus ergibt sich eine fast unzählbare Fülle von Möglichkeiten. Schon die Auseinanderlegung eines Akkords in drei gleich lange Töne ergibt sechs verschiedene Möglichkeiten der Aufeinanderfolge:

Für vier gleich lange Töne gibt es vierundzwanzig, für fünf gleich lange Töne schon einhundertundzwanzig Möglichkeiten. Multipliziert man diese Zahlen mit der Zahl der Abwandlungsmöglichkeiten durch verschiedene Akkordlagen (eng und weit) und durch verschiedene Rhythmisierung, so erkennt man bald die unermeßliche Fülle der Möglichkeiten.

Die ungleichzeitige Bewegung einer Stimme von einem Akkord zum anderen

Der Vorhalt

Die starre Aufeinanderfolge der Harmonien kann auch dadurch aufgelockert werden, daß ein Ton eines Akkords, der in dem nachfolgenden Akkord nicht enthalten ist, bei Eintritt des neuen Akkords weiterklingt und sich dann erst im Sekundenschritt in einen Ton des neuen Akkords auflöst. Ein solches Verweilen und Sich-erst-später-Auflösen einer Stimme nennt man *Vorhalt*.
Es gibt Vorhalte, die sich *von oben nach unten* auflösen, und solche, die sich *von unten nach oben* auflösen:

Bei b) wird das e des Tonika-Dreiklangs von c über den Eintritt des Dominant-Dreiklangs hinaus vorgehalten (+) und löst sich dann erst abwärts nach d auf.
Bei d) wird das h des Dominant-Dreiklangs über den Eintritt des Tonika-Dreiklangs hinaus vorgehalten (+) und löst sich dann erst aufwärts nach c auf.
Die wichtigste und am häufigsten vorkommende Vorhaltbildung ist der Vorhalt der Quarte vor der Terz und der Sexte vor der Quinte des Dominant-Dreiklangs, der

sogenannte *Quartsextakkord* des Dreiklangs der I. Stufe mit verdoppeltem Grundton:

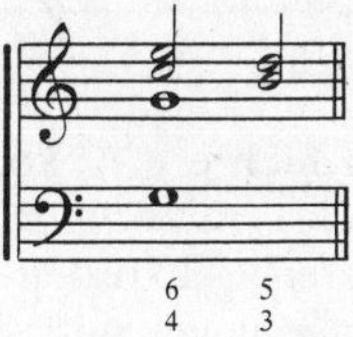

Die Vorausnahme (Antizipation)

Umgekehrt kann ein Ton einer neuen Harmonie vorweggenommen werden, während die vorhergehende Harmonie noch erklingt: Man nennt das *Vorausnahme* oder *Antizipation* eines Tones (die im Beispiel mit + bezeichneten Noten sind die vorausgenommenen Töne):

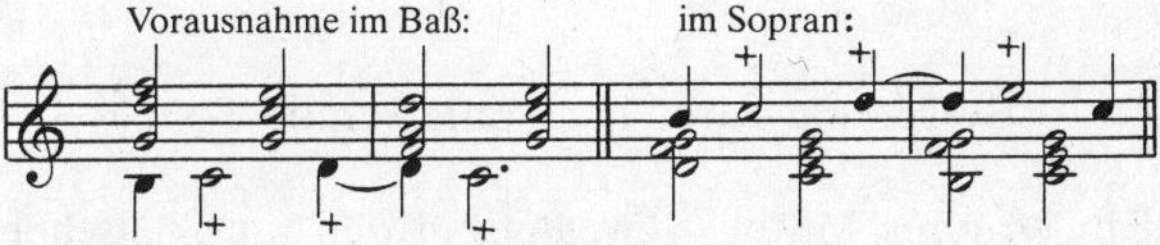

Der Orgelpunkt

Bei den Vorhalten und den vorausgenommenen Tönen ist ein Ton eines Akkords in einen zweiten Akkord hineingezogen. Es kommt aber auch vor, daß ein Ton über eine ganze Reihe von Akkorden hin liegenbleibt, in denen er zum Teil gar nicht mehr selbst enthalten ist:

Einen solchen über mehrere Akkorde hin ausgehaltenen Ton nennt man *liegende Stimme.*
Eine unter mehreren Akkorden *im Baß* liegende Stimme wird *Orgelpunkt* genannt:

Solche Orgelpunkte finden sich besonders oft in den Schlußtakten längerer Kompositionen, z. B. Fugen.

Bewegung durch harmoniefremde Töne

Ein weiteres Mittel, Bewegung in den musikalischen Verlauf zu bringen, ist die *Heranziehung harmoniefremder Töne.*

1. Eine Stimme steigt oder fällt von einem zum nächstliegenden Ton und kehrt wieder zurück. Solche har-

moniefremden Töne heißen *Wechselnoten* (+ im Notenbeispiel).

2. Eine Stimme nimmt im Fortschreiten von einem Akkordton zu einem eine Terz von ihm entfernt liegenden Ton auch den zwischen den beiden Tönen liegenden diatonischen Ton. Ein solcher harmoniefremder Ton ist ein *diatonischer Durchgang* (*Durchgangsnoten* im Beispiel +):

3. Eine Stimme nimmt im Fortschreiten von einem Akkordton zu einem anderen Akkordton die zwischen den beiden Tönen liegenden chromatischen Töne. Solche harmoniefremde Töne sind *chromatische Durchgänge* (*Durchgangsnoten* im Beispiel +):

4. Vielfach werden nicht alle Durchgangstöne, sondern nur der dem Akkordton am nächsten liegende Ton gebracht. Solche sprungweise erreichten harmoniefremden Töne sind *Hilfstöne*:

Das Wichtigste von der Generalbaßlehre

In älterer Musik wurden die *Begleitakkorde* für ein Solostück über der ausgeschriebenen Baßstimme meist nur *in Zahlen* angedeutet. Auch in Klaviersolostücken hat man hin und wieder nur die Baß- und die Melodiestimme ausgeschrieben, und die *Ausfüllung der Mittelstimmen* mußte der Spieler *mit Hilfe dieser Zahlen* improvisierend durchführen. Es wurde für jeden Ton des zu spielenden Akkords das Intervall in Zahlen vom Baßton aus gerechnet angegeben. Größere Entfernungen vom Baßton wurden auf entsprechende Intervalle innerhalb des Oktavabstandes umgerechnet.

Sollte z. B. über einem Ton der Dreiklang erklingen, so wurde für die Terz eine 3 und für die Quinte eine 5 gesetzt, also $\substack{5\\3}$.

Vielfach ließ man aber die Zahlen für die auf dem Baß sich aufbauenden Terzen weg.

Es ergaben sich dann folgende Abkürzungen:

für den *Dreiklang* $\substack{5\\3}$ oder auch keine Zahl,

für den *Sextakkord* $\substack{6\\3}$ oder 6,

für den *Quartsextakkord* $\substack{6\\4}$,

für den *Septakkord* $\substack{7\\5\\3}$ oder 7,

für den *Quintsextakkord* $\substack{6\\5\\3}$ oder $\substack{6\\5}$,

für den *Terzquartakkord* $\substack{6\\4\\3}$ oder $\substack{4\\3}$,

für den *Sekundakkord* $\substack{6\\4\\2}$ oder 2,

für den *Nonenakkord* $\substack{9\\7\\3}$ oder 9.

Auch *Vorhalte* wurden durch die *entsprechenden Zahlen* ausgedrückt, z.B. Vorhalt der Quarte vor der Terz eines Dreiklangs $^{5}_{4\;3}$.
Die kleinen Noten geben die Akkorde an, die nach der Generalbaßbezeichnung gespielt werden müssen:

Die *chromatische Veränderung* eines Tones wurde durch ein entsprechendes *Vorzeichen hinter der Zahl* ausgedrückt. Für die *Erhöhung* wurde die Zahl an Stelle des Kreuzes auch vielfach mit einem *kleinen Strich* versehen, z. B. 6̸.

Ohne Zahl gesetzte Vorzeichnungen beziehen sich immer auf die Terz (Beispiel S. 91 unten).
Wenn ein Akkord über einem fortschreitenden Baß weiterklingen sollte, wurden hinter die Zahlen so lange Striche gesetzt, wie der Akkord gehalten werden sollte.
Bei der Bezifferung

ist also zu spielen:

Diese Praxis bezeichnet man als *Generalbaß* oder auch *Basso continuo* (*B.c.*). Zur Ausführung einer Generalbaßstimme benötigt man immer ein tiefes Melodieinstrument für die eigentliche Baßstimme (Violoncello, Gambe, Fagott z. B.) sowie ein Harmonieinstrument für die Akkorde (Cembalo, Orgel, Laute z. B.).

Verzierungen und Abkürzungen

Die *Ausführung der Verzierungen* (*Ornamentik*) ist eines der schwierigsten Gebiete der Musiklehre, da die Verzierungen nicht zu allen Zeiten und in allen Ländern gleichbleibend ausgeführt wurden. In der Musik vor Bach war es üblich, daß die Verzierungen gar nicht notiert wurden, sondern vom Sänger oder Spieler je nach Möglichkeiten des Instruments und Fähigkeit des Ausführenden als Improvisation gefordert wurden. Mehr und mehr wurde es dann üblich, die Verzierungen durch festgelegte Zeichen zu notieren. Wir müssen uns hier auf diese im Notenbild festgelegten Verzierungen beschränken.

Der kurze Vorschlag

Der *kurze Vorschlag* soll in schnellen Kompositionen möglichst kurze Zeit dauern, während er in langsamen Stücken auch weniger kurz sein kann. Er wird in *kleinen Noten* geschrieben, Notenstiel und Fähnchen *mit einem schrägen Strich* versehen. Der kurze Vorschlag von mehreren Noten wird *Schleifer* (der von 2 Noten auch *Doppelvorschlag*) genannt.

Der lange Vorschlag

Neben dem kurzen Vorschlag gibt es den *langen Vorschlag.* In der Generalbaßschrift würde der Vorhalt immer eine besondere Bezifferung erfordern. Um dem Generalbaßspieler den Überblick zu vereinfachen, schrieb man den Vorhalt nur als *kleine Note* vor seinen Akkordton. Dann erübrigte sich die Notwendigkeit, eine Bezifferung vorzuschreiben, da der Dreiklang keine Bezifferung erfordert:

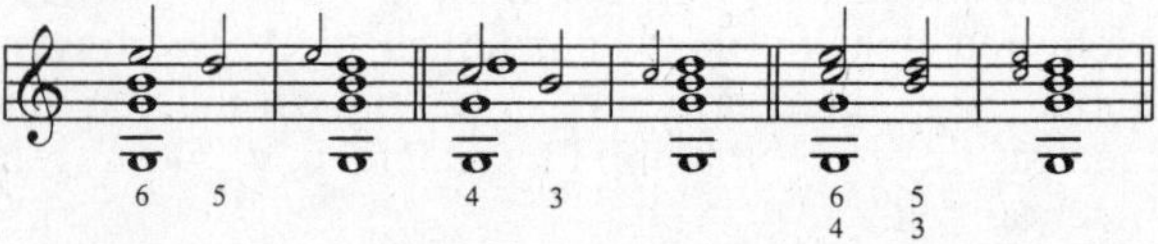

Die klein geschriebene Note bezeichnet man als *langen Vorschlag*, der die *Hälfte des Wertes der Hauptnote* erhält. Sowohl eine höhere wie auch eine tiefere Note kann Vorschlagsnote sein:

Steht der lange Vorschlag *vor einer punktierten Note*, so hat die Vorschlagsnote den *vollen Wert der Hauptnote* ohne Punkt, während die Hauptnote selbst nur den Wert des Punktes erhält:

Schreibart

Ausführung

Die Praxis, die Vorhalte durch lange Vorschläge zu notieren, hat sich über die Generalbaßzeit hin noch lange in die Zeit der Wiener Klassiker hinein erhalten.
Steht ein langer Vorschlag *vor zwei gleichen Noten*, so bekommt die Vorschlagsnote den *Wert der ersten Note*, die selbst nicht mehr gespielt oder gesungen wird:

Leider werden in vielen älteren Ausgaben die Schriftzeichen für den langen und den kurzen Vorschlag nicht zuverlässig auseinandergehalten. So wurden vielfach die Zeichen ♪ und ♪̸ vertauscht. Das ist besonders in älteren Ausgaben Schubertscher Lieder der Fall. Stellen wie

sind daher mit langem Vorschlag auszuführen, obwohl ein kurzer Vorschlag dasteht:

Steht der lange Vorschlag *vor einer halben Note zu Anfang eines* $^{3}/_{4}$*-Taktes*, so erhält der Vorschlag $^{3}/_{8}$, die Hauptnote selbst nur $^{1}/_{8}$:

Steht der lange Vorschlag *vor einer punktierten Viertel- mit nachfolgender Achtelnote*, so erhält er den *Wert der Viertelnote*; diese selbst teilt sich mit der Achtelnote in die Zeit des nachfolgenden Taktteils so, daß sie $^{3}/_{16}$ erhält und die Achtelnote auf $^{1}/_{16}$ verkürzt wird:

Schreibart

Ausführung

Der lange Vorschlag *vor kleineren punktierten Noten* verlangt sinngemäße Anwendung.

Durchgehende Vorschläge zwischen Terzen nehmen ihren *Zeitwert von der vorhergehenden Note*, ebenso durchgehende Vorschläge zwischen auf- und absteigenden Sekunden:

Pralltriller und Mordent

Die Verzierung, die durch das rasche Abwechseln der oberen Sekunde mit der Hauptnote entsteht, nennt man *Pralltriller.* Das Zeichen für den Pralltriller ist ~:

Liegt die Wechselnote nicht über, sondern unter der Hauptnote, so nennt man diese Verzierung *Mordent* (frz. *mordant*, mit scharfer Stimme, beißend). Das Zei-

chen für den Mordent ist das gleiche wie für den Pralltriller, es bekommt aber einen kleinen senkrechten Strich ⁓.

Chromatische Veränderungen der Nebennoten werden durch die entsprechenden Versetzungszeichen über und unter dem Zeichen für den Pralltriller oder Mordent angegeben:

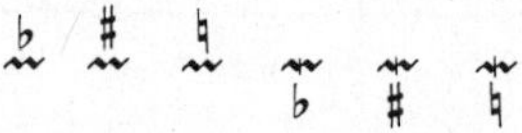

Der Doppelschlag

Die Verzierung der Hauptnote durch die höher *und* tiefer liegende Wechselnote ist der *Doppelschlag*. Das Zeichen für den Doppelschlag steht entweder über oder zwischen zwei Noten. Steht der Doppelschlag *nach einer Note*, so beginnt er genau *auf der zweiten Hälfte* ihres Wertes:

Etwa nötige *chromatische Veränderungen der Wechselnoten* werden über oder unter den Doppelschlag gesetzt:

Der Triller

Den möglichst schnellen mehrmaligen Wechsel eines Tones mit seinem oberen Nachbarton nennt man *Triller.* Als Zeichen für den Triller wird über den Hauptton *tr*~~~ oder *tr*- - - - - gesetzt oder nur *tr.*

In der älteren Musik beginnt der Triller mit der *oberen Note*:

Ungefähr seit dem Erscheinen von Johann Nepomuk Hummels Klavierschule (1828) begann man den Triller mit der *Hauptnote*, wie das vereinzelt vorher schon üblich war.

Seit ungefähr 1750 läßt man den Triller gewöhnlich mit einem *Nachschlag*, d. h. mit einem einmaligen Wechsel der unteren Sekunde, schließen:

Der von zwei Stimmen gleichzeitig ausgeführte Triller wird *Doppeltriller* genannt:

Das Tremolo

Die mehrmalige rasche Wiederholung desselben Tones oder die möglichst schnelle Aufeinanderfolge zweier nicht benachbarter Töne nennt man *Tremolo* (ital., zitternd). Zur Bezeichnung des Tremolos schreibt man den Notenwert, über den sich das Tremolo erstrecken soll, und zieht durch den Notenstiel (oder zwischen zwei Notenstiele) drei dicke Striche.

Soll das Tremolo länger dauern, wird das Fortsetzungszeichen 𝄎 gesetzt:

Das Arpeggio

Eine senkrechte Wellenlinie ⌇ vor dem Akkord bezeichnet das Nacheinanderklingen der Töne. Sie ist das Zeichen des *Arpeggio* (ital. *arpa*, Harfe). Das Nacheinanderspielen der Töne nennt man *arpeggieren*.

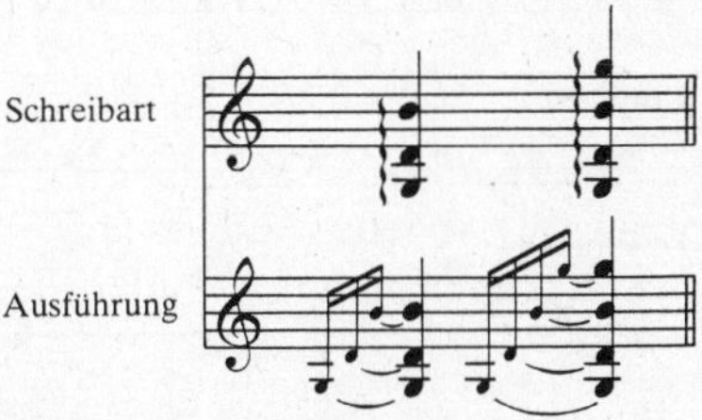

Im allgemeinen wird das Arpeggio vom untersten Ton hinauf zum höchsten gespielt. Soll es in umgekehrter Richtung erklingen, so steht ein nach unten weisender Pfeil ↓ vor der Wellenlinie oder die Wellenlinie selber wird mit einer Pfeilspitze ⌇ versehen.

Steht bei einem Akkord in alter Klaviermusik das Wort *arpeggio*, so soll der Akkord je nach Zeit ein- oder zweimal hinauf und herunter gebrochen werden. Ist die Zeit sehr kurz, so genügt das Hinauf- *oder* Hinunterbrechen des Akkords.

Weitere Abkürzungen

In geschriebenen oder auch älteren gestochenen Noten findet man vielfach folgende *Abkürzungen*, auch *Abbreviaturen* genannt (ital. *abbreviatura*, Abkürzung):

Die kleinen Punkte über oder unter den Noten geben an, wie oft die Note anklingen soll.
Statt eine Tongruppe mehrmals zu schreiben, setzt man oft das *Wiederholungszeichen*:

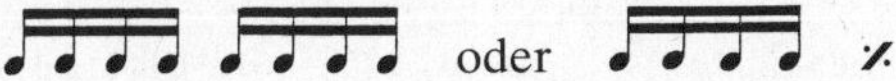

Soll eine Figur wiederholt werden, die sich über zwei Takte erstreckt, so wird das Wiederholungszeichen durch den Taktstrich gesetzt ⁒.

Sonderformen der Verzierung in vorklassischer Musik

Johann Sebastian Bach hatte für den *langen Vorschlag* eine andere Notierung:

Schreibart

Ausführung

wie man in der folgenden Tabelle sieht, die Bach in dem »Clavier-Büchlein vor Wilhelm Friedemann Bach« 1720 zusammenstellte. Für die Verzierungen gab er genaue Anweisungen, die von den oben beschriebenen, später gültigen, auch erheblich abweichen.

»Explikation unterschiedlicher Zeichen, so gewisse Manieren artig zu spielen, andeuten.«

Schreibt Bach *kleine Vorschlagsnoten* , so meint er damit kurze oder bei Kompositionen ruhigen Charakters mäßig lange Vorschläge.

Der Rhythmus  ist bei Johann Sebastian Bach und bei Carl Philipp Emanuel Bach (»Versuch über die wahre Art das Clavier zu spielen«, 1753) immer mit kurzem Vorschlag zu spielen und erst ab Haydn, Mozart in vier gleiche  aufzulösen.

Johann Sebastian Bach verwendet das *Pralltriller*-Zeichen auch für Triller ohne Nachschlag, also zur Bezeichnung sowohl des längsten als des kürzesten Trillers.
Bei Carl Philipp Emanuel Bach wird je nach dem Tempo, in dem das Stück steht, eine verschiedenartige Ausführung des *Doppelschlags* verlangt:

Das Prallerzeichen unter dem Doppelschlag (geprallter Doppelschlag) bedeutet, daß der Doppelschlag nicht mit der höheren Wechselnote, sondern mit der vorhergehenden Hauptnote beginnen soll:

Alle Verzierungen bei Bach sind diatonisch aufzufassen, und ihr Zeitwert ist von der nachfolgenden Note abzuziehen.
Erst von der zweiten Hälfte des 18. Jahrhunderts ab, von Johann Joachim Quantz (»Versuch einer Anweisung, die Flöte traversière zu spielen«, 1752) und Leopold Mozart (»Versuch einer gründlichen Violinschule«, 1756) an, begann man den Zeitwert der Verzierungen nicht von der Hauptnote, sondern von der vorhergehenden Note abzunehmen.

Das Tempo

In der älteren Musik war es nicht üblich, den Kompositionen Angaben über das Tempo beizufügen. Der Ausführende war gezwungen, das Zeitmaß der Komposition zu ermitteln. Dies mußte er aus dem Ausdruckscharakter, dem Stimmungsgehalt des Werkes, der Bewegung der Stimmen herausfühlen. Bei marsch- und tanzartigen Kompositionen bietet das Schrittmaß einen wichtigen Anhaltspunkt. Als weiteres Mittel empfahl z.B. Quantz in seiner Flötenschule (1752) den Pulsschlag für die Feststellung des Tempos, da jeder dieses Zeitmaß immer bei sich trage. Er riet, sich dabei auch nach den geschwindesten Notenwerten zu richten, und gab damit eine praktische Anleitung zur Ermittlung des Tempos aller Kompositionsgattungen.

Vortragsbezeichnungen

Seit dem 18. Jahrhundert wurde es allmählich allgemein üblich, für jede Komposition zu Beginn eine Tempobezeichnung vorzuschreiben. Man bediente sich auch bei uns in Deutschland meist der italienischen Begriffe.

Bezeichnungen für ein sehr langsames Tempo:

Largo Adagio Lento	langsam
Grave	schwer

Bezeichnungen für ein mäßig langsames Tempo:

Larghetto	etwas breit, zwischen Largo und Andante
Sostenuto	getragen, zurückhaltend
Commodo	bequem
Andante	gehend (bis zur Mozart-Zeit nicht eigentlich ein langsames Tempo)
Andantino	ein wenig schneller als Andante

Bezeichnungen für ein mäßig schnelles Tempo:

Moderato	gemäßigt
Allegretto	etwas lebhaft
Allegro moderato	gemäßigt lebhaft

Bezeichnungen für ein schnelles Tempo:

Animato	lebhaft
Allegro	munter, fröhlich

Bezeichnungen für ein sehr schnelles Tempo:

Vivace	sehr lebhaft
Vivacissimo	äußerst lebhaft
Presto	sehr schnell
Prestissimo	so schnell wie möglich

Durch den Zusatz des Wortes più (mehr) oder molto (sehr) können die Bezeichnungen noch verstärkt, durch meno (weniger) vermindert werden.

Weitere Zusatzwörter zu Tempobezeichnungen sind:

assai	sehr
poco	ein wenig
non troppo	nicht zu sehr
con brio	belebt
con fuoco	mit Feuer
con moto	bewegt
appassionato	leidenschaftlich

Für den Übergang von einem Tempo in ein anderes sind folgende Bezeichnungen die gebräuchlichsten:

accelerando (accel.)	beschleunigend, allmählich zu einem schnelleren Zeitmaß übergehend
calando	ruhiger und schwächer werdend
morendo	ersterbend
perdendosi	sich verlierend
rallentando (rall.) ritardando (rit.)	langsamer werdend
ritenuto (riten.)	zurückgehalten
smorzando	ersterbend
stringendo	sich steigernd, schneller werdend
a tempo tempo primo	Tempo wie zuvor (nach Tempoänderung)

Seit Robert Schumann sich in seinen Schriften und Kompositionen für deutsche Vortragsbezeichnungen eingesetzt hat, finden sich bei immer mehr deutschen Komponisten Vortragsbezeichnungen auch in deutscher Sprache, wie sie Beethoven und andere zuvor schon verwendet hatten.

Das Metronom

Vielfach wird zur Verständigung über das Tempo das Metronom benutzt. Das Metronom hat ein (ursprünglich durch ein Uhrwerk bewegtes) Pendel, auf welchem ein Gewicht verstellt werden kann, so daß es je nach der Einstellung geschwinder oder langsamer schwingt. Moderne Metronome besitzen kein Pendel, sondern geben akustische und optische Signale und werden elektronisch betrieben. Die auf einer Einstellskala angegebenen Zahlen von 40 bis 208 zeigen an, in wie viele gleiche Schläge die Minute bei Einstellen auf eine der Zahlen unterteilt wird. Bei 60 tickt oder blinkt das Metronom also sechzigmal in der Minute. Steht vor einer Komposition z. B. 𝅗𝅥 = MM 80, so bedeutet das: Wird das Mälzelmetronom (Johann Nepomuk Mälzel ist der Name des Erfinders, der das Metronom in Wien entwickelte und 1816 in Paris zum Patent anmeldete) auf die Zahl 80 eingestellt, so entspricht für diese Komposition jeder Schlag der Zeit einer 𝅗𝅥-Note, und jede 𝅗𝅥-Note hat die Zeitdauer von $^1/_{80}$ Minute.

Unabhängig vom notierten schematischen Taktgefüge kann lebendige Musik jedoch nie durch ein starres Abzählen der Taktzeiten zustande kommen; vielmehr entspricht das musikalische Metrum einer Aufführung eher einem körperlichen – atmenden – Vorgang, dessen Ablauf in gewissen Grenzen variabel ist; die Zeitdauer der einzelnen Zählzeiten im Taktgefüge unterscheidet sich minimal. Deshalb wandten sich Komponisten wie Johannes Brahms und Richard Wagner gegen die Verwendung von Metronomen. – Ausgeprägtere ausdrucksbedingte Temposchwankungen nennt man *Tempo rubato*.

Hinzu kommt, daß die Metronomangaben der Komponisten nicht immer zuverlässig sind. Von Robert Schumann ist bekannt, daß sein Metronom falsch lief. Igor Strawinsky legte allerdings großen Wert auf die Einhaltung seiner Metronomvorschriften.

Musikalische Formen

Der Großtakt und die Liedform

Nur in verhältnismäßig wenigen Kompositionen werden durch die Taktstriche die in den Zeitgrenzen des Atemrhythmus pendelschwingungsartig verlaufenden Einheiten kenntlich gemacht. In langsamen Sätzen kommt es vor, daß zwei solcher Einheiten zu einem Takt zusammengezogen werden.
Sehr oft aber werden in geschwinden Sätzen kleinere Einheiten durch Taktstriche abgegrenzt, so daß eine Gruppe von zwei, drei, vier oder acht Takten zusammengefaßt werden muß. So schreibt Beethoven an einigen Stellen im Scherzo seiner Neunten Sinfonie sogar ausdrücklich vor, daß er einen »ritmo di tre battute« (Rhythmus von drei Schlägen = Takten) fordert, der immer wieder zum »ritmo di quattro battute« (Rhythmus von vier Takten) zurückkehrt.
Eine solche Gruppe von mehreren Takten, die zu einer Einheit zusammengefaßt werden muß, nennen wir *Großtakt.*
Die Großtakte laufen als meist gleichbleibende Einheiten durch die Kompositionen durch und schließen sich wieder zu einer größeren Einheit, *Form*, zusammen.

Schon vier Großtakte ergeben die Form, die der Strophe eines *einfachen Liedes* entspricht. In diesem und den folgenden Beispielen sind die Großtakte durch dikkere Taktstriche gekennzeichnet. Es zeigt sich, daß im vorliegenden Fall der erste Großtakt dem dritten, der zweite dem vierten entspricht. Es entsprechen sich hier also zwei fast gleiche, aus zwei Großtakten bestehende Hälften, die man *Halbstrophen* nennt. Die letzten beiden Takte ergeben mit dem Auftakt auch wieder einen vollen Großtakt.

Ein solches Formgebilde nennt man eine *Periode*. Der Ablauf der Periode hat in größerem Maßstab Ähnlichkeit mit dem Ablauf des Großtakts: auch hier wieder ein betonter, etwas verbreiterter Anfang, ein Durchschwingen bis zum letzten Großtakt, in dem das Stück langsamer ausschwingt. Zwei solche zusammengehörige Flächen ergeben die *zweiteilige Liedform*, ein Formgebilde, welches den meisten Tänzen und Märschen zugrunde liegt. Ein Beispiel dafür (s. S. 114) ist ein Walzer in B-Dur von Franz Schubert.

Da in der vorklassischen Musik Vortragsbezeichnungen kaum üblich waren, wurde die Schlußverzögerung meist nicht vorgeschrieben, sondern als selbstverständlich erwartet, während sie seit der klassischen Zeit gelegentlich durch »ritardando« gefordert wird. Dieses verbreiterte Ausschwingen einer musikalischen Fläche kann auch die Spannung für den Beginn einer neuen Periode vorbereiten.

Es kommt vielfach vor, daß Großtakte in einer Komposition aus bestimmten musikalischen Gründen erweitert oder verkürzt werden. So beginnt zum Beispiel der erste Satz von Mozarts D-Dur-Klaviersonate KV 311, der von

Franz
Schubert

einem zweitaktigen Metrum (Großtaktmaß) beherrscht ist, mit zwei dreitaktigen Großtakten (Bsp. S. 115).

In diesem Beispiel ist der Wille des Komponisten sehr klar und leicht zu erkennen. Vielfach ist es aber recht schwierig herauszufinden, wie der Komponist die Gestaltung einer Komposition mit solchen Unregelmäßigkeiten wünscht. Man darf dann nie eine solche Stelle

Wolfgang Amadeus Mozart

der Komposition aus dem Zusammenhang herausgerissen betrachten, man muß stets versuchen, aus dem Überblick über das ganze Kunstwerk die Lösung für die Gestaltung der Einzelteile zu ermitteln.

Wird nach zwei zusammengehörenden Perioden A und B anschließend die erste Periode A noch einmal wiederholt, so ergibt sich die *dreiteilige Liedform* ABA. Die

Arie der altitalienischen Oper ist in erweiterter dreiteiliger Liedform geschrieben (*Dacapo-Arie*). In der Wiederholung hatte der Sänger Gelegenheit, durch Verzierungen und melodische Ausschmückung seine Kunstfertigkeit zu zeigen.
Die Wiederholung solcher liedförmig komponierten Flächen mit rhythmischen und melodischen Veränderungen nennt man *Variation*. In der »strengen Variation« der alten Musik steigert sich die rhythmische Aufspaltung von Fläche zu Fläche in die jeweils kleineren Notenwerte (*Figuralvariation*). Von *Ostinatovariation* spricht man, wenn die Melodie, d. h. der Cantus firmus, selber nicht verändert wird, sondern statt dessen ihre Begleitung; ein berühmtes Beispiel findet sich in Haydns »Kaiserquartett«.
Im Laufe der Zeit wurde die Variation immer freier, entfernte sich harmonisch, rhythmisch und melodisch immer weiter vom Thema und führte schließlich zur *Charaktervariation*. Seit Beethoven wird das Variationswerk vielfach durch eine große Schlußfuge gekrönt.

Die Suite

Die Zusammenstellung mehrerer alter Tänze verschiedenen Charakters, meist in zwei- und dreiteiliger Liedform, nennt man *Suite* (frz., Folge). Die allgemeine Grundform der in Frankreich herangebildeten Suite bestand zur Barockzeit aus der Reihenfolge:

Allemande (ruhiger, deutscher Tanz) im $^4/_4$-Takt (1 Takt = 1 Großtakt)

Courante	(belebter, französischer Tanz) im $^{3}/_{2}$- oder $^{3}/_{4}$-Takt (2 Takte = 1 Großtakt)
Sarabande	(langsamer, spanischer Tanz) im $^{3}/_{4}$- oder $^{3}/_{2}$-Takt (1 Takt = 1 Großtakt)
Gigue	(geschwinder, englischer Tanz) meist im $^{6}/_{8}$-Takt (2 Takte = 1 Großtakt)

Zwischen diese vier Tänze konnten eingeschoben werden:

Menuett	(französischer Tanz) im gemäßigt ruhigen $^{3}/_{4}$-Takt (2 Takte = 1 Großtakt)
Gavotte	(französischer Tanz) im gemessenen $^{2}/_{2}$- oder $^{4}/_{4}$-Takt mit Auftakt von einem halben Takt (2 Takte = 1 Großtakt)
Polonaise	(polnischer Tanz) im ruhigen $^{3}/_{4}$-Takt (2 Takte = 1 Großtakt)
Rigaudon	(provenzalischer Tanz) im bewegten Alla-breve-Takt (2 Takte = 1 Großtakt)
Marsch	im $^{4}/_{4}$- oder im Alla-breve-Takt (2 Takte = 1 Großtakt)

und viele weitere Tänze wie Badinerie ($^{2}/_{4}$-Takt), Bourrée ($^{4}/_{4}$-Takt), Chaconne ($^{3}/_{4}$-Takt), Galliarde ($^{3}/_{2}$-Takt), Hornpipe ($^{3}/_{2}$- oder $^{2}/_{2}$-Takt), Passepied ($^{3}/_{4}$- oder $^{3}/_{2}$-Takt), Siciliano ($^{12}/_{8}$- oder $^{6}/_{8}$-Takt) usw.

Auch andere Musikformen, wie die getragene, liedhafte Air, Variationen und Fugen, konnten dazwischengefügt werden.

Die Suite war die die Musik beherrschende Kompositionsform bis etwa 1750, als sie von der Sonate zurückgedrängt wurde.

Wird die dreiteilige Liedform ABA noch um einen Teil C mit einem neuen Gedanken erweitert, dem nochmals das Vorhergehende ganz oder teilweise folgt, also: ABA C ABA, so erhalten wir die Form des *Rondo* (= Rundgesang). Durch weitere Einschiebungen kann diese Form noch vergrößert werden. Häufig findet man auch das *verkürzte Rondo* ABACA. Wenn in das Rondo Elemente der Sonatensatzform aufgenommen worden sind, spricht man von *Sonatenrondo*.

Die Sonate

Seit dem 18. Jahrhundert – und bis zum Beginn des 20. Jahrhunderts – war die *Sonatensatzform*, genauer *Sonatenhauptsatzform* genannt, die wichtigste aller Instrumentalformen geworden, nicht nur der Sonate selbst, sondern auch der Sinfonie, des Konzerts und anderer Kompositionen für die Bereiche der Solo-, Kammer- und Orchestermusik. Die folgende Erläuterung beschreibt in gewollter Zuspitzung ihr Schema. So »musterhaft« sind die Komponisten allerdings selten vorgegangen, man muß sich dessen bewußt sein.
Die ursprüngliche Form der in Italien entstandenen mehrsätzigen *Sonate* wird eingeleitet von einem *Sonatensatz*. Der Sonatensatz beginnt mit der *Exposition*, der Vorstellung von zwei ursprünglich zweiteiligen Liedformen: dem ersten Thema, A, und dem zweiten Thema, B. A steht in der Haupttonart, B in der Tonart der Dominante. (Indessen kommen oft mehr als zwei Themen oder, wie bei Haydn, nur ein einziges Thema vor.)
Es folgt die *Reprise*, die Wiederholung von A in der Dominanttonart und von B in der Haupttonart, wobei B

in Exposition und Reprise noch einen kleinen Anhang, die *Coda* (ital., Schwanz), erhalten kann.
Zwischen Exposition und Reprise fügte sich seit Haydn eine immer weiter ausgebaute Verarbeitung des thematischen Materials ein, *Durchführung* genannt. Dieser Teil war an die Haupttonarten nicht mehr gebunden und modulierte in verschiedenen Tonarten.

Schema der Sonatensatzform

Exposition

Hauptsatz: Aufstellung des *ersten* oder *Hauptthemas* (bzw. mehrerer Themen), A, in der Haupttonart.
Seitensatz: Aufstellung des *zweiten* oder *Seitenthemas*, B, in der Dominanttonart oder in der Dur-Paralleltonart.
Epilog (*Schlußgruppe*) in der Dominanttonart (oder in der Dur-Parallele).
Diese Exposition wird in der Regel wiederholt; erst im Laufe des 19. Jahrhunderts ist immer öfter darauf verzichtet worden.

Durchführung

Freie Entwicklung und Umformung der Themen A und B bzw. des motivischen und thematischen Materials aus der Exposition mit Modulationen.
Überleitung zur

Reprise

Wiederholung der Exposition, mit A und B jeweils in der Haupttonart.

Coda

in der Haupttonart.

Es ergab sich die *klassische Sonatensatzform* (Schema S. 119), nun ohne die Transpositionen von A und B in der Reprise.
Zwischen A und B findet man in der Exposition gewöhnlich einen Modulationsteil *(Überleitung)*, dem in der Reprise zwischen A und B eine Scheinmodulation von Haupttonart zu Haupttonart entspricht.
Vor Mozart war es üblich, daß A und B aus *einem* Stimmungsgehalt erwuchsen. Erst seit Mozart folgte auf das meist dramatische erste Thema ein kontrastierendes lyrisches zweites Thema. Bei Beethoven nahm die Durchführung immer größere Ausmaße an. Er fügte nach der letzten Coda in der Haupttonart gern noch eine zusammenfassende *Schlußcoda* an, in der er ähnlich wie in der Durchführung, nur unter Verzicht auf Modulation, das gesamte thematische Material des Satzes noch einmal anklingen ließ.
Auf den ersten, in der beschriebenen Form angelegten Satz der Sonate folgen noch ein bis drei weitere Sätze. In ihnen hat sich das *Menuett* als einziges Suitenelement erhalten. Es umschließt einen kontrastierenden Mittelteil, das *Trio*. In Haydns dreisätzigen Klaviersonaten steht das Menuett oft noch an letzter Stelle, rückt dann aber in die Mitte und wird von Beethoven beschleunigt und zum *Scherzo* gesteigert. Als *Mittelsatz* findet sich vielfach auch ein lied- oder variationsartig gestalteter langsamer Satz oder auch ein Sonatensatz. Der *Schlußsatz* hatte zunächst meist Rondoform, nahm aber später oft auch die Sonatensatzform wieder auf und gab damit dem ganzen Zusammenhang die großformige Abrundung im Sinne eines Zyklus.
In der *viersätzigen Sonate* oder *Sinfonie* des 19. Jahr-

hunderts ist der zweite Satz meist langsam, und deshalb steht das Scherzo an dritter Stelle.
Während im Anfang das Schwergewicht des Werkes auf dem ersten Satz lag, verschob es sich allmählich bis zu Bruckners Sinfonien hin auf den letzten Satz. Dabei wird manchmal auch in den späteren Sätzen auf das thematische Material der vorhergehenden Bezug genommen.
Mit dieser immer stärkeren inhaltlichen Belastung der Sonate ergab es sich, daß auch noch die schwerste musikalische Form, die Fuge (siehe S. 125), eingereiht wurde.
Liszt zog in seiner h-Moll-Klaviersonate, seinen Konzerten und Sinfonischen Dichtungen, ebenso später Richard Strauss in den meisten seiner Sinfonischen Dichtungen die vier Sätze zu einer großen einsätzigen Form zusammen.

Die Mehrstimmigkeit (Polyphonie)

Neben den *homophonen Kompositionen* (griech. *homophonía*, Gleichklang, Einklang), in denen eine melodische Linie von einer harmonischen Begleitung gestützt und belebt wird:

Georg Friedrich Händel

gibt es Kompositionen, in denen zwei oder mehr Stimmen gleichzeitig ihre selbständigen melodischen Wege nach bestimmten Gesetzen nebeneinander gehen: sie sind *polyphon* (griech. *polyphonía*, Tonvielfalt).

Johann Sebastian Bach

Eine solche musikalische Schreibweise nennt man *kontrapunktischen Satz* (lat. *punctus contra punctum*, Note gegen Note; gemeint ist: jeder Note der einen Stimme eine Note der anderen Stimme gegenübersetzen unter Wahrung des tonartlichen Zusammenhangs).
Eine Komposition, in der eine Stimme mit einem musikalischen Gedanken beginnt und eine andere Stimme oder mehrere später nacheinander einsetzend denselben musikalischen Gedanken wiederholen, ihn *imitieren*, so daß das Ganze sich zu einem einheitlichen Kunstwerk zusammenfügt, nennt man *Kanon* (lat. *canon*, Regel):

Oft zeigen Ziffern über den Noten die Stellen an, wo jede Stimme mit dem Anfang des Kanons einzusetzen hat, wie im folgenden Beispiel. Nachdem alle Stimmen die ganze Melodie so oft wiederholt haben, bis auch die sechste Stimme sie ganz ausgesungen hat, sammeln sich alle Stimmen in der zweiten Note des Kanons.

Im Kanon zeigt die Fermate *nicht* an, daß der unter ihr stehende Ton innerhalb des Stückes länger angehalten werden soll, sondern sie kennzeichnet ihn nur als Schlußton, der aber doch meist länger ausgehalten wird.

Im Kanon (und in der Fuge, s. S. 125) zeigen die Meister der Komposition ihre höchste Satzkunst. Oft verändern sie das Thema, indem sie es im Zeitwert vergrößern (*augmentieren*) oder verkleinern (*diminuieren*), indem sie es in den Intervallschritten umkehren (= *Spiegel*), indem sie es rückwärts ablaufen lassen (= *Krebs*) und ähnlich.

Spiegelkanon

Kanon im Krebs

Eine kontrapunktische Komposition, in der zwei Stimmen kanonisch im Quintenabstand nacheinander mit demselben Thema einsetzen und meistens weitere Stimmen (am häufigsten insgesamt drei bis fünf) dieses Nachahmungsspiel fortsetzen, worauf ein kontrapunktisches Zwischenspiel zu einer abermaligen Aufeinanderfolge aller Stimmen in anderer Reihenfolge führen kann, und in der dieses Spiel der Stimmen nach bestimmten Gesetzen weiter ausgebaut wird, nennt man *Fuge* (lat. und ital. *fuga*, Flucht, Verfolgung).

Joseph Haydn

(Kann vorwärts und rückwärts, sodann umgedreht und wieder vor- und rückwärts gesungen werden.)

Das *Thema* oder *Subjekt* der Fuge wird *Dux* (lat., Führer) genannt, seine Beantwortung im Quintabstand *Comes* (lat., Begleiter). Die Vorstellung von Dux und Comes in allen Stimmen nacheinander heißt *Fugenexposition*. Es folgen die *Durchführungen* in mehreren, oft durch *Zwischenspiele* verbundenen Abschnitten mit den Mitteln des kontrapunktischen Satzes: neben der *Imitation* die *Umkehrung*, der *Krebs*, die *Augmentation* (Vergrößerung) und die *Diminution* (Verkleinerung) der Notenwerte, usw.

Den Aufbau einer vierstimmigen Fuge zeigt das folgende Beispiel. Das im Baß vorgetragene Thema, der Dux, wird eine Quinte höher als Comes in der zweiten Stimme beantwortet. Während der Comes erklingt, bringt die erste Stimme einen Kontrapunkt, *Gegenthema* oder *Kontrasubjekt* genannt. Dann übernimmt die dritte Stimme das Thema in der Ausgangstonart, der Oktave des ersten Einsatzes, die zweite Stimme übernimmt das Gegenthema. Der Dux erklingt schließlich als vierte Stimme in der Oktave der Quinte. Damit ist die erste Durchführung abgeschlossen:

Am Ende einer Fuge folgen oft die Themeneinsätze in so kurzen Zeitabständen, daß die nächste Stimme schon einsetzt, ehe das Thema zu Ende gespielt ist:

Eine solche dichte Aufeinanderfolge der Themeneinsätze nennt man *Engführung*.

Es gibt Fugen mit zwei, drei und vier Themen; solche Fugen nennt man *Doppel-*, *Tripel-* und *Quadrupelfugen.*
Je nach dem herrschenden Zeitgeschmack ist die kontrapunktische Satztechnik oder die sich auf harmonische Begleitung stützende Schreibweise vorherrschend, oder beide sind so eng vereinigt, daß von einer Unterscheidung dieser Satzarten keine Rede mehr sein kann.
Ein Vorläufer der Fuge bei den italienischen Komponisten des 17. Jahrhunderts war das *Ricercare.*
Den Fugen ging bei Johann Sebastian Bach und anderen Meistern der Barockzeit meist ein einleitendes, in reiferen Werken gleichberechtigtes *Präludium* voraus, für das es verschiedene Formmodelle gab (*Toccata*, *Fantasie*, *Invention* u. a.). Die wichtigste Sammlung von Präludien und Fugen ist Bachs *»Wohltemperiertes Clavier«*; es besteht aus zwei Bänden mit jeweils 24 Präludien und Fugen durch alle Dur- und Moll-Tonarten.
Die zweistimmigen *Inventionen* und dreistimmigen *Sinfonien* Bachs sind kurze kontrapunktische Kompositionen, bei denen die kanonische Nachahmung oder fugenartige Behandlung des Themas im Vordergrund steht.
Bach beschloß sein Lebenswerk mit der *»Kunst der Fuge«*, in der er alle Möglichkeiten kontrapunktischen Könnens ausschöpfte.
Johann Sebastian Bach war der größte Meister dieser Stilart; in ihm konzentrierten sich Können und Ausdrucksmöglichkeiten der vergangenen Jahrhunderte in höchster Vollendung.
Sein Sohn Carl Philipp Emanuel Bach löste sich von der strengen kontrapunktischen Schreibweise; er neigte zu

einem »galanten« und »empfindsamen« Stil und wurde damit, neben seinem Bruder Johann Christian, einer der wichtigsten Wegbereiter der klassischen Periode (Haydn, Mozart, Beethoven). Carl Philipp Emanuel Bachs Ruhm reichte so weit, daß er, nicht sein Vater, als der »große Bach« galt. Die Kenntnis seiner Werke ist daher von höchster Bedeutung für das Verständnis der Klassik.
Die mit Carl Philipp Emanuel Bach einsetzende Loslösung vom Generalbaß gab Haydn die Freiheit seines Streichquartettsatzes. Hierdurch wurde auch der Klaviersatz beeinflußt, die Mittelstimmen gewannen an Selbständigkeit, so daß ein harmonisch und kontrapunktisch gemischter Stil entstand:

Joseph Haydn

ERSTE SINFONIE

Das Orchester

Das Zusammenspiel der verschiedenen Instrumente des Orchesters möge das Partiturblatt der ersten Takte der Ersten Sinfonie Beethovens zeigen.
In einer *Partitur*, der schriftlichen Festlegung einer Komposition in Einzelstimmen, pflegt zuunterst die Fünfergruppe der *Streicher* aus erster und zweiter Violine, Bratsche, Violoncello und Kontrabaß zu stehen. Die Saiten dieser Instrumente sind auf folgende Tonhöhen gestimmt:

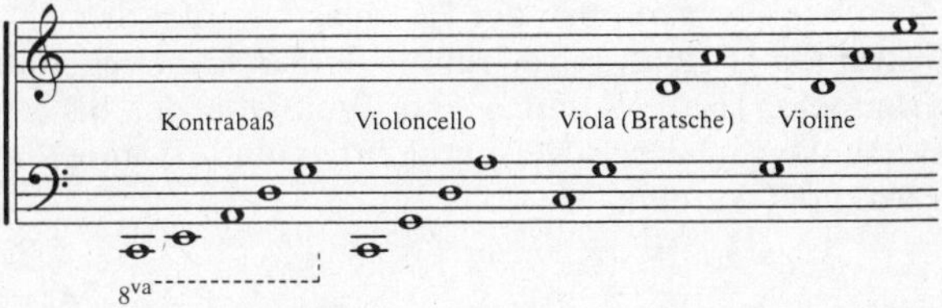

Dadurch liegt der tiefste Ton fest, während die erreichbare Höhe vom Können des Spielers abhängt. Es ist dabei zu berücksichtigen, daß manche Instrumente, zum Beispiel der Kontrabaß, höher oder tiefer klingen, als sie notiert sind, und daß sie in verschiedenen Lagen gestimmt sein können (sogenannte *transponierende Instrumente*).
Der Gruppe der Streicher steht die in der Partitur obenan verzeichnete Gruppe der *Holzbläser* gegenüber, deren wichtigste Vertreter im klassischen Orchester Flöte, Oboe, Klarinette und Fagott sind.

Zu diesen wichtigsten Holzblasinstrumenten treten manchmal und im 19. Jahrhundert immer öfter noch Kontrafagott, Baßklarinette, Englisch Horn und Pikkoloflöte.

Zwischen den Gruppen der Holzblas- und der Streichinstrumente steht die Gruppe der *Blechbläser* mit Trompete, Horn, Posaune und Tuba, von der bis zu Beethoven in der Regel nur Hörner und Trompeten verwendet wurden.

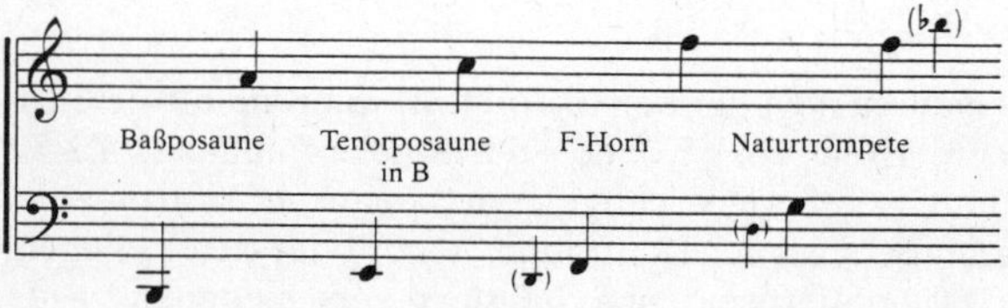

Unter den Blechbläsern steht die Gruppe der *Schlaginstrumente*, die im klassischen Orchester in der Regel nur durch ein Paukenpaar vertreten sind; gelegentlich kommen Trommel, Becken und Triangel hinzu (Beethoven, Neunte Sinfonie).

Die Stimmen der *Soloinstrumente* (Klavier-, Violinkonzert usw.), auch der *Solo-* oder *Chorgesangstimmen*, stehen in der Orchesterpartitur meist zwischen Streichern und Schlagzeug, ebenso die Harfe und die Celesta.

Register

Handbücher zur Musik

Reclams *Ballettführer.* (K. Schneider, K. Kieser) 616 Seiten. 32 Farbabbildungen

Reclams *Chormusik- und Oratorienführer.* (W. Oehlmann, A. Wagner) 629 Seiten. 357 Notenbeispiele

Reclams *Führer zur lateinischen Kirchenmusik.* (M. Wersin) 528 Seiten

Reclams *Jazzlexikon.* Personenlexikon hrsg. v. W. Kampmann, Sachlexikon v. E. Jost. 688 S. 82 Abbildungen

Reclams *Kammermusikführer.* (A. Werner-Jensen, L. Finscher, W. Ludewig, K. H. Stahmer) 1168 Seiten. 560 Notenbeispiele

Reclams *Klaviermusikführer.* (W. Oehlmann, C. Bernsdorff-Engelbrecht, K. Billing, W. Kaempfer, M. Töpel) Bd. 1: Frühzeit, Barock und Klassik. 815 Seiten. Rd. 700 Notenbeispiele. – Bd. 2: Von Franz Schubert bis zur Gegenwart. 1144 Seiten. 619 Notenbeispiele

Reclams *Konzertführer.* Orchestermusik. (K. Schweizer, A. Werner-Jensen) 1142 Seiten. 366 Notenbeispiele

Reclams *Liedführer.* (W. Oehlmann) 1024 Seiten. 470 Notenbeispiele

Reclams *Musicalführer.* (C. B. Axton, O. Zehnder) 679 Seiten. 31 Abbildungen. 2 Pläne

Reclams *Musikinstrumentenführer.* Die Instrumente und ihre Akustik. (E. Briner) 699 Seiten. Mit Zeichnungen

Reclams *Opern- und Operettenführer.* (R. Fath, A. Würz) 1406 Seiten. 72 Farbabbildungen

Reclams *Orgelmusikführer.* (V. Lukas) 464 Seiten. 635 Notenbeispiele

---